F 002056

Johannes Braun

Katholische Kirche im sozialistischen Staat DDR

D1921566

BONIFATIUS/Kontur
Band 7877

Zum Buch

Auch in der Kirche gibt es so etwas wie ein „Innenleben“, das sich dem Betrachter nicht aufdrängt, das sich ihm erschließt, wenn er es sucht. Die „innere Wirklichkeit“ der katholischen Kirche der DDR vermittelt aus erster Hand Bischof Johannes Braun.

Zum Autor

Johannes Braun, geboren 1919 in Dortmund, zum Priester geweiht 1948 in Paderborn, zum Bischof geweiht 1970 in Magdeburg als Koadjutor von Bischof Rintelen, ab 1973 Apostolischer Administrator des Bischöflichen Amtes Magdeburg, seit 1971 Protektor des Bischöflichen Werkes „Not in der Welt“, 1973 Konsultor des Sekretariates für die Einheit der Christen. 1990 emeritiert.

Johannes Braun

Katholische Kirche im sozialistischen Staat DDR

BONIFATIUS
Druck · Buch · Verlag
PADERBORN

Imprimatur. Paderbornae, d. 13 m. Septembris 1993
Nr. 1/A 58-22.3/333 · Vicarius Generalis
i. V. Dr. Schmitz

Die Deutsche Bibliothek – CIP-Einheitsaufnahme

Braun, Johannes:
Katholische Kirche im sozialistischen Staat DDR / Johannes
Braun. – Paderborn: Bonifatius, 1993
(Bonifatius Kontur; Bd. 7877)
ISBN 3-87088-787-7
NE: GT

ISBN 3-87088-787-7

© 1993 by Bonifatius GmbH Druck · Buch · Verlag Paderborn
Alle Rechte vorbehalten. Das Werk einschließlich seiner Teile ist urheberrechtlich geschützt. Jede Verwertung außerhalb der engen Grenzen des Urheberrechtsgesetzes ist ohne Zustimmung des Verlages unzulässig und strafbar. Das gilt insbesondere für Vervielfältigungen, Übersetzungen, Mikroverfilmungen und die Einspeicherung und Verarbeitung in elektronischen Systemen.

Gesamtherstellung:
Bonifatius GmbH Druck · Buch · Verlag Paderborn

Inhalt

Vorwort

Auch in der Kirche gibt es so etwas wie ein „Innenleben“, das sich dem Betrachter nicht aufdrängt und nur dann sichtbar wird, wenn es gesucht wird. Eine von der Publizistik aufgegriffene und herausgestellte Außenseite, die es gibt und oft auch viel Interesse weckt, wie die sog. „Stasivergangenheit“ der Kirche ist eben nur eine Seite und nicht die ganze Geschichte. Ich versuche, in meinen Texten etwas von dieser „inneren“ Wirklichkeit der Kirche zu umschreiben.
Wer oder was dann die Entwicklung in den vergangenen vierzig Jahren der DDR wirklich bestimmte, wird bei näherer Begegnung mit dieser Wirklichkeit und der sorgfältigen Prüfung ihrer Fakten und Umstände sich herausstellen. Ich möchte mit meinem Beitrag dazu verhelfen, diesen Einblick zu versachlichen und dem „Volk Gottes“, das die Kirche wesentlich ausmacht, die gebührende Anerkennung zu zollen.

Johannes Braun

I.

Ortskirche und Weltkirche

In der Rückschau klärt sich manches, was über Jahre hin verborgen blieb. Wir hatten zwar meistens eine plausible Antwort darauf, warum wir dieses taten und anderes unterließen. Doch blieb ein Rest, der unbefriedigt ließ, ein Rest, der nicht aufzuarbeiten war. Wir – das sind alle, die in eine Entwicklung hineingeraten waren, für die es keine Pläne gab und die daher mehr an Zufälligkeiten und Überraschungen bereithielt, als wir ahnten und voraussehen konnten. So stellten wir uns nach 1945, dem Ende des zweiten Weltkrieges, eigentlich nur auf den nächsten und übernächsten Tag ein. Es dauerte aber nicht lange, bis auch unsere Kirche sich aufmachte, aus der Improvisation und den sich daraus ergebenden Überraschungen herauszufinden, und einen Weg fand, der zu guten Zielen führte.

Als ich nach Studium, Krieg und Priesterweihe 1948 meine kleinen Koffer packte und von Paderborn aus mit vielen anderen die Fahrt in die „Ostzone" antrat, war alles ungewiß: Wie werden wir über die Zonengrenze in den russisch besetzten Teil Deutschlands gelangen, wer wird wem bei allem weiterhelfen, wo werden unsere ersten Arbeitsstellen liegen? An Holzbaracken vorbei ging es von Helmstedt aus, der letzten Bahnstation im damaligen englisch besetzten Westdeutschland, auf einem langen Fußmarsch über die Zonengrenze nach Marienborn. Dort empfingen uns Grenzer, die wohl selbst noch nicht wußten, was erlaubt und unerlaubt war, mit kritischen Blicken. Neben den deutschen Posten standen in ihren schmutzigfarbenen Uniformen Soldaten der Sowjetarmee, die ungerührt, aber aufmerksam alle Vorüberzie-

henden musterten. Als langjährigen Kriegsteilnehmer in Rußland erschreckte mich diese erste Begegnung und ließ viele Erinnerungen in mir aufsteigen, als sei alles erst gestern gewesen.
In Magdeburg fanden wir uns wieder in der Wohnung des damaligen Propstes von St. Sebastian und Erzbischöflichen Kommissars, Wilhelm Weskamm, der uns als Leiter des Ostteils der Erzdiözese Paderborn, des Erzbischöflichen Kommissariates Magdeburg, in unsere ersten Stellen einwies. Ich saß unter ihnen und stellte verwundert fest, daß einer nach dem anderen seinen Einsatzort erfuhr und ich als letzter übrigblieb. Mein Auftrag hieß dann, als dritter Kaplan an St. Sebastian in Magdeburg den Dienst zu beginnen. Propst Weskamm gab mir einen kurzen Einblick in die Situation der Gemeinde und auch erste Hinweise auf seine pastoralen Vorstellungen. Für einige Tage wohnte ich in seiner Wohnung und begann mit den ersten Erkundungen im Umfeld der Propstei. Es dauerte nicht lange, so konnte ich in die leerstehende Wohnung auf der Nordseite von St. Sebastian einziehen. Die Jugend der Gemeinde half mir, sie schaffte die nötigen Möbel herbei, besorgte die ersten Kartoffeln und Kohlen. Da die Arbeit in Kirche und Gemeinde bald begann, ließ sich mit den Provisorien ganz gut leben!
Eine große Aufgeschlossenheit in Gemeinde und Stadt, die zu 80 % im Krieg zerstört worden war, fand ich vor. Da von Anfang an die kirchenfeindliche Einstellung des Staates und seiner Behörden in der Stadt deutlich war, Religionsunterricht und jede öffentliche Arbeit unterbunden wurden, stellten wir uns gleich auf diese Situation ein. Mit Nachdruck hielt Propst Weskamm seine Priester an, Hausbesuche in der Gemeinde zu machen und so eine Entwicklung in Gang zu setzen, die für Jahre und Jahrzehnte die pastorale Arbeit in diesem Lande bestimmte. Kirche sollte überall präsent sein, wo die Menschen leb-

ten. So lernten wir Priester schon sehr bald unsere Seelsorgebezirke der Gemeinde kennen und waren mit den Problemen der Leute schnell vertraut. Die Gruppenarbeit, wie sie uns aus den Vorkriegsjahren geläufig war, nahm einen beträchtlichen Teil unserer Tätigkeit in Anspruch. So kamen männliche und weibliche Jugend, Frauen, Mütter, Männer in regelmäßigen Abständen zusammen, erarbeiteten religiöse Themen und solche von allgemeinem Interesse und traten innerkirchlich im Rahmen der Gottesdienste und pfarreigener Veranstaltungen auf. Die Mitarbeit war gut und nahm noch einmal einen erheblichen Aufschwung zwischen 1948 und 1952, da Vertriebene aus den deutschen Ostgebieten in großer Zahl eintrafen und die Gottesdienste füllten. Selbst die täglichen Andachten im Mai dieser Jahre waren so gut besucht, daß die Plätze in den Kirchen kaum ausreichten. Die meisten dieser Flüchtlinge zogen allerdings bald in den Westen Deutschlands weiter, da sie sich hier weder wirtschaftlich noch auch in ihrem religiösen Leben zurechtfanden. Dieser kurzfristige „Ansturm" hat sich auch in den Gemeinden auf dem Lande so ausgewirkt, daß sich Propst Weskamm an vielen Stellen neu um die pastorale Versorgung kümmern mußte. Wie ein Stratege schickte er seine Vikare an die Orte, wo sich Flüchtlingstrecks stauten und sich die Gelegenheit bot, Priester aufzufinden und sie für den Einsatz im Kommissariat anzuwerben, was gelegentlich auch Erfolg hatte.
Die große Not der Vertriebenen gehört zu meinen ersten, aber sehr nachhaltigen Erlebnissen dieser Nachkriegsjahre. Es waren nicht nur die schmerzlichen Erfahrungen von Vertreibung und Flucht, von erschütternden Mißhandlungen durch russische und polnische Soldaten und Behörden, die die Menschen weiter zum Westen trieben, sondern auch die Angst, weiter in einem Regime leben zu müssen, das sich sozialistisch nannte und damit über-

nahm, was Millionen in der Sowjetunion in Not und Tod getrieben hatte. Je größer diese Befürchtungen waren und sich dann auch bewahrheiteten, um so mehr verließen auch die Einheimischen bis 1961, bis zum Bau der Mauer in Berlin, diesen Staat.

Die deutschen Kommunisten, an der Spitze die „Gruppe Ulbricht", sahen ihre Stunde gekommen. Am 7. 10. 1949 proklamierten sie die „Deutsche Demokratische Republik" (DDR) und schlugen hart und rücksichtslos den Kurs auf die Sowjetisierung Mitteldeutschlands ein. Ehemals bestehende politische, kulturelle und andere Gruppierungen, Verbände wurden daran gehindert, weiterzubestehen oder sich neu zu begründen. Das Bildungswesen, von der Schule bis zur Universität, von privaten bis zu gemeindlichen Verbindungen, das gesamte Rechtswesen wurden völlig in die Abhängigkeit und Kontrolle des sozialistischen Staates gezwängt. Die privaten Bereiche reichten nicht aus, eine eigenständige Entfaltung durchzubringen. Berufliche Aus- und Weiterbildung wurden durch die SED und ihre Gliederungen so sehr auf die enge Spur gebracht, daß alles kontrolliert und reglementiert werden konnte und Wege, die den Sozialismus in Frage stellten, gleich zugestellt wurden.

Diese Erfahrungen habe ich schon in meinen Vikarsjahren in Magdeburg gemacht. Eine Gruppe von Studenten, die einen „Kreis junger Marxisten" gebildet hatten und in regelmäßigen Abständen zu mir kamen, wurde von der Partei aufgefordert, diese Verbindung zu mir aufzugeben. Sie taten es in der Befürchtung, sonst auch vom Studium ausgeschlossen zu werden. Um möglichst sachgerecht informiert zu sein, nahm ich an einer „Einführung in den Marxismus" teil, die von einem betont linientreuen Schulungsleiter, einem Magdeburger Stadtrat, der nach wenigen Jahren beim „Klassenfeind" in der Bundesrepublik sein Heil suchte und fand, vorgetragen wurde. Es stellte sich für mich aber bald heraus, daß die Marxisten nicht aus ihrer Verflochtenheit in die Theorie und Praxis des vergangenen Jahrhunderts herauskamen. Diese Einsicht und der unmißverständliche Hinweis, mich doch möglichst bald „aus dem Staube zu machen", haben dann auch diesen „Informationsversuch" abgebrochen. Die Nachschrift eines Studenten für Mathematik zu „Vorlesungen über Marxismus-Leninismus" haben diesen Eindruck, in einer weltfremden Theorie steckengeblieben zu sein, verstärkt. Sie bieten auch die Erklärungen für das desolate und korrupte Ende der DDR in den Jahren 1989/90.

Auch spätere Studien, die ich für meine Arbeit in den Fächern Sozialkunde und Sozialethik im Norbertuswerk (1952-1970) durchgeführt habe, sind oft recht mühsam gewesen, weil sie große Kräfte erforderten, überhaupt an diesem oft müde und lustlos machenden Stoff zu bleiben. Es war kaum vorstellbar, wie ein Mensch sich dafür begeistern konnte. Ich habe oft Verständnis aufgebracht, wenn die Zuhörer in den stundenlangen Reden der Funktionäre eingeschlafen waren und selbst im Fernsehen dösende Gesichter in die Kamera blickten. Spätere Diskussionen mit einem in Marxismus-Leninismus promovierten Staatsfunktionär haben mich allerdings in Erstaunen versetzt, aber auch gezeigt, wie wenig er in die große Philosophie der Vergangenheit (Thomas, Kant etc.) eingedrungen war. „Parteidisziplin" kann tatsächlich den Charakter einer Offenbarung annehmen und Opportunismus alle Zweifel wegschieben oder zumindest verringern. Zur Wahrheit hin muß man wohl bewußt und gewollt geöffnet bleiben. Diese Erfahrung mußte ich gerade in der Begegnung mit den Irrtümern des Marxismus machen.

Schon in meinen Vikarsjahren habe ich die Kraft erfahren, die von einem gut gelebten und nach außen ausstrahlenden Gemeindeleben ausging. Gerade in den vierzig Jahren sozialistischer Gewaltherrschaft war die Möglichkeit, in einer christlichen Gemeinde einen menschlich gesicherten Platz zu finden, von unschätzbarem Wert. Da ging es nicht nur ums Überleben, sondern auch darum, Kräfte zu sammeln für den Tag, da man als freier Mensch gefordert würde. Viele haben – leider – den Druck durch die Gesellschaft nicht ausgehalten und durch Preisgabe des Glaubens oder durch die Flucht in den Westen Deutschlands aufgegeben. Aber es gab auch einen beachtlichen Teil der Menschen in diesen Gemeinden, die dem Karrieredruck nicht nachgaben und alle Nachteile, die ihre Beständigkeit ihnen einbrachte, auf sich nahmen und durchhielten.

Nach knapp vier Jahren Dienst als Vikar in der Stadtgemeinde St. Sebastian in Magdeburg berief mich Weihbischof Dr. Rintelen in eine neue Aufgabe. Propst Weskamm war 1951 in St. Sebastian zum Bischof geweiht worden und blieb als Leiter des Erzbischöflichen Kommissariates Magdeburg bis zu seiner Berufung als Bischof von Berlin (1952-1956) um den Priesternachwuchs besorgt. Schon 1951 hatte er das Sebastianeum gegründet, in dem Schüler aus dem Raume der DDR wohnen und studieren konnten, um an einer öffentlichen Schule das Abitur zu machen, mit dem sie dann in das theologische Studium einsteigen konnten. Diese Hochschule begann 1952 in Erfurt mit ihrer Arbeit. Eine Gruppe von jungen Männern hatte Weihbischof Weskamm bereits im Blick, denen er die Möglichkeit geben wollte, Priester zu werden. Es waren Handwerker, Kaufleute, Männer, die einen Beruf gelernt und abgeschlossen und den Wunsch hatten, einer Berufung nachzugehen, deren Erreichung ihnen bisher undurchführbar schien. Assessor Aufderbeck, Leiter des Seelsorgeamtes Magdeburg, veröffentlichte einen Artikel in der Kirchenzeitung „Tag des Herrn“ unter dem Titel „Vom Autoschlosser zum Priester“, auf den es ein unerwartet großes Echo gab. Weihbischof Dr. Rintelen setzte sich dann dafür ein, daß dieses Vorgehen realisiert werden konnte. Im Mai 1952 zogen die ersten 35 Kandidaten in das neu gegründete „Norbertuswerk" in der Sieverstorstraße in Magdeburg ein. Zum Rektor dieses Hauses berief mich der Weihbischof zum April desselben Jahres. Bis zu meiner Ernennung zum Bischof in Magdeburg im April 1970 habe ich dieses Haus geleitet. Es wurde zu einer sehr erfolgreichen Einrichtung für alle Jurisdiktionsbezirke der DDR, ohne die der Priesternachwuchs bis zum Ende der DDR nicht so gelaufen wäre, wie es geschehen ist. In diesen rund 40 Jahren sind über 1 000 junge Männer eingetreten, haben 700 ihr Abitur gemacht und sind 300 zu Priestern geweiht worden.

Das Zusammenleben im Norbertuswerk fand ohne große Probleme und dramatische Vorgänge seine Form. Eine so große Gemeinschaft – über 150 junge Männer waren es bereits nach vier Jahren – brauchte ihre innere und äußere Ordnung. Das war mir gleich zu Anfang klar, der Weg dahin mußte aber noch gefunden werden. Für viele gab es in den Fragen von Ordnung und Disziplin eine „preußische Tradition", die auch vom sozialistischen System praktisch hochgehalten wurde. Doch wo es dieses Preußen gab, da wurde im Gleichschritt marschiert, da schlug Disziplin bald in Drill um. Das aber konnte nicht unser Weg sein. Auch wenn der Grat, der Disziplin als schöpferisches Tun bedeutete, nur schmal war und von Drill, blindem Befolgen auf der einen Seite und Absturz, Aufbegehren auf der anderen Seite bedroht war, so gab eine religiös motivierte und ins Gebet genommene Einstellung zu diesen Lebensfragen immer wieder eine gute Antwort in persönlich schwierigen Situationen. Solche Dinge nicht mit verbissenem Ernst, sondern leicht und mit Humor zu nehmen hat oft weitergeholfen!

Eine wichtige Rolle in diesen Jahren der Ausbildung spielten die Besuche der Bischöfe im Haus. Sie stärkten die Bindung an die Orts- und Weltkirche, indem die Bischöfe in Ansprachen, Predigten, Hospitationen im Unterricht durch theologisch-pastorale Hinweise auf die zukünftige Arbeit der jungen Priestergeneration schon in diesem Stadium Einfluß nahmen, durch Lieferung von Büchern und Texten praktische Hilfen leisteten und schon früh mit dem Aufbau persönlicher Kontakte zu ihren zukünftigen Diözesanpriestern begannen. Nach außen in die Gemeinden, in die außerkirchliche Öffentlichkeit wurde der Stellenwert des Hauses für die Kirche und das katholische Volk durch diese zahlreichen Bischofsbesuche betont. Sie festigten aber auch das Selbstwertgefühl der Norbertiner. Sie gehörten schon in diesem Stadium ihrer Ausbildung zu ihrer Kirche und zu den Gemeinden, aus denen sie kamen. Die Bistümer, Jurisdiktionsbezirke in der DDR zeigten ihre Bereitschaft, sich um Erhalt, Ausweitung (Lehr- und Lernmittel, Neubauten, Anschaffungen) zu kümmern. Ein guter und abgesicherter Etat konnte alle Hürden materieller Art überwinden. Priesterweihen und Besuche der Neupriester aus diesem Haus, die ab 1962 abliefen, waren sichtbare Erfolge der gemeinsamen Arbeit. Ich habe oft die stille, durch große Zukunftserwartungen bestimmte Freude erlebt, wenn sechs bis zehn Neupriester am Altar der Hauskapelle standen und am Ende der hl. Messe den Primizsegen erteilten. Die Beauftragten für die Theologieaspiranten (so die offiziöse Bezeichnung für die Norbertiner) der jeweiligen Jurisdiktionsbezirke waren die direkten Gesprächs- und Handlungspartner der Bischöfe und des Hauses.

In den ersten Jahren des Norbertinums hat sich Erzbischof Lorenz Jaeger von Paderborn, der eigentlich zuständige Bischof, mehrfach bei Besuchen mit dem Haus, seiner Gemeinschaft von Lehrern, Schwestern und Kandidaten ver-

traut gemacht. In den Jahren 1953 - 55 ging es ihm besonders um die Unterrichtsstruktur des Hauses, die er aus langer Erfahrung als Gymnasiallehrer gut und leicht zu beurteilen wußte. 1957 konnte er das letzte Mal einreisen. Ich erinnere mich gut, wie er in der Aula vor der Kommunität mit großer Eindringlichkeit auf ein starkes Glaubensleben, geringe Ansprüche an die materiellen Bedingungen des Lebens und eine solide, frei entschiedene Verzichtsbereitschaft der kommenden Priestergeneration hinwies. Bischof Wienken von Meißen hat mit seinem Generalvikar Dr. Hötzel 1954 und 1955 das Haus besucht, sein Nachfolger Dr. Spülbeck tat es 1956, und sie haben in anregenden Gesprächen ihre Diözesanen versammelt. Häufiger Besucher war Weihbischof Dr. Rintelen aus Magdeburg. Auch alle zuständigen Ordinarien der übrigen Jurisdiktionsbezirke fanden immer wieder den Weg nach Magdeburg: Bischof Freusberg, Erfurt; Bischof Dr. Piontek, Bischof Huhn, Görlitz; die Bischöfe Schräder, Theißing, Schwerin; Bischof Bengsch, Berlin; Prälat Schönauer, Meiningen. 1955 war noch ein Besuch des Apostolischen Nuntius Münch aus Bonn-Bad Godesberg in Begleitung von Bischof Weskamm, Berlin, und Weihbischof Rintelen, Magdeburg, möglich. Gerade dieser Besuch hat große Freude und laute Begeisterung ausgelöst.
Die jährlichen Wallfahrten zur Huysburg bei Halberstadt gehörten in den festen Plan des Hauses. Ein beträchtlicher Teil der Gemeinschaft – oft 60 Jungen und mehr – machte die rund 60 km von Magdeburg zur Huysburg zu Fuß, übernachtete in Gröningen und traf sich am Morgen vor der Kirche in Schwanebeck mit den Wallfahrern, die per Bahn angereist waren. Wie im katholischen Volk üblich, wurden die letzten ca. 5 km auf den Berg geschlossen mit Gebet und Gesang zurückgelegt. Der Einzug auf der Huysburg war ein recht festlicher Akt, dem sich dann

die gemeinsame Wallfahrtsmesse in der Kirche anschloß. 1954 hatte Weihbischof Dr. Tuschen aus Paderborn eine Kopie der Mutter mit dem Kind aus dem Paradies des Paderborner Domes auf die Huysburg gebracht. Seitdem wurde die „Mutter vom Huy" Ziel vieler Einzel- und Gruppenwallfahrer aus den Gemeinden des ganzen Landes in dieses Zentrum unserer Marienverehrung.
Zu besonderen Anlässen waren die Bischöfe der DDR Gäste in unserem Haus. Sie zeigten mit ihrem Kommen nicht nur die enge Verbundenheit mit dem Norbertinum – diese Kurzform unseres Hauses wurde besonders innerkirchlich gern benutzt –, sondern ihre Teilnahme war gleichzeitig auch eine deutliche Anerkennung für schwierige und doch sichtbar erfolgreiche Arbeit. Zum ersten großen gemeinsamen Fest kam es am 6. 7. 1957 bei der Einweihung des sog. Neubaues auf dem Grundstück des Norbertuswerkes. Unter fast abenteuerlichen Bedingungen war er in zweijähriger Bauzeit errichtet worden. Genehmigt wurden von der Regierung in Berlin nach andauernden und vielfach sich ändernden Verhandlungen mit dem Caritasdirektor Zinke, Berlin, die Einfuhr und Aufstellung einer ca. 100 x 80 m großen Baracke (zweistöckig, mit Wohnungen für Studierende, zwei Waschräumen, Toiletten, einer großen Aula, div. Unterrichtsräumen, zwei Lehrerwohnungen, Fachwerkkonstruktion mit starker Isolierung, zentraler Beheizung). Sie wurde durch eine westdeutsche Firma gefertigt, angeliefert und aufgestellt. Ohne Genehmigung und mit bewußt eingegangenem Risiko konnte ein massiver Unterbau erstellt werden, in dem Kapelle, Lehrerzimmer, Keller als Vorrats- und Versorgungsräume, das Musikzimmer und ein Lehrmittelraum untergebracht wurden. Material für diese Arbeit konnte ich nur „schwarz" oder auf dem „grauen" Markt beschaffen. Die Russen spielten auf diesem grauen Markt eine große Rolle und haben so ungewollt auch

zum Gelingen dieses Vorhabens beigetragen. Die Baukontrolle konnte ich bei der Abnahme überzeugen, daß die Angleichung dieses Baues an den vorhandenen Altbau im Gelände den festen Sockel unter der „Baracke" erforderlich gemacht habe. So waren wir gut davongekommen. Die Bischöfe wußten oder ahnten zumindest diese Schwierigkeiten, da sie alle ähnliche Erfahrungen machen mußten. So war ihr Kommen, die Teilnahme am Festakt in dieser neuen Aula (mit über 200 Sitzplätzen) und an der gemeinsamen Mahlzeit, eine von uns mit Dankbarkeit angenommene Bestätigung. Bischof Dr. Spülbeck, Meißen, hielt die Festansprache. Wieder erschienen alle Bischöfe und ihre Begleiter beim Fest zum zehnjährigen Bestehen des Norbertuswerkes am 9. Mai 1962. In dieser ungewissen und ständig von Verbot und Einschränkungen bedrohten Zeit waren zehn Jahre schon eine halbe Ewigkeit. Den Festgottesdienst in St. Sebastian und die Festansprache im Haus hielt Weihbischof Dr. Rintelen, Magdeburg. Er wies nicht nur auf die zehn vergangenen Jahre hin, die er ein „gelungenes Experiment" nannte, sondern sagte in seiner optimistischen Grundhaltung dem Haus auch eine gute Zukunft voraus. Wenn die äußeren Verhältnisse nicht störend eingriffen – davor war man zu keinem Zeitpunkt sicher! –, ließ der anhaltende Zustrom von Studierenden, die wie im Selbstlauf und ohne „Werbung" kamen, diese Zukunft gesichert und ungefährdet erscheinen.

In den engen und geschlossenen Kreis von Ausbildung, Examen und kirchlichen Veranstaltungen, wie Weihen, Wallfahrten, Feste, wurden Bischöfe und Norbertiner laufend eingebunden. Bei den jährlichen Abitur- und Abschlußfeiern im Norbertinum, bei den Diakonats- und Priesterweihen, bei den Wallfahrten im Mai eines jeden Jahres zur Huysburg waren wir mit Weihbischof Rintelen zusammen. In ständig größer werdender Zahl strömten

unsere Gläubigen aus den Gemeinden zu den Veranstaltungen auf der Huysburg. Und unsere Norbertiner waren mit ganzem Herzen dabei, selbst wenn mancher „Fußkranke" auf der Strecke blieb und noch Tage danach über den Hof humpelte.
In den Fronleichnamsprozessionen, die für alle Gemeinden der Stadt Magdeburg im Stadtpark und auf dem Reitsportgelände „Herrenkrug" stattfanden, war der große Block von jungen Männern aus dem Norbertuswerk nicht zu übersehen. Wir waren deutlich „ihre Norbertiner". Auch im Priesterseminar Neuzelle a. d. Oder war ich mehrfach Gast von Bischof Dr. Piontek und Bischof Huhn, Görlitz. Bei den jährlichen Patronatsfesten zum 15. 9. (Albertus Magnus) im Erfurter Studium hatte ich schon als Rektor des Hauses meinen festen Platz. In den diözesanen wie überregionalen Veranstaltungen waren die Norbertiner mit den Gemeinden immer zur Stelle, so beim Katholikentag „Gott lebt" 1954 in Berlin, bei der Erhebung Norberts zum Patron Magdeburgs 1982 und anderen Ereignissen.
Die gute Erfahrung, die ich in meinen „norbertinischen Jahren" mit den Begegnungen zwischen Bischöfen und Norbertinern gemacht habe, nahm ich in meine Jahre als Bischof in Magdeburg mit. Ich war mir gleich zu Beginn (1970) darüber klar, daß eine gute Zusammenarbeit, eine offene und ehrliche Begegnung unter den Bischöfen nicht nur ein „brüderlicher" und vom Geist des Evangeliums geforderter Beitrag jedes Bischofs, sondern auch ein großer Gewinn für die Kirche im Innern wie nach außen sein würde. Eine rund 20jährige Tätigkeit hat das oftmals bestätigt. So waren alle dabei, wenn einer zum Bischof geweiht wurde: 1970 zu meiner eigenen Weihe, 1971 bei Bischof Huhn, Görlitz; 1973 Weihbischof Weinhold, Meißen; 1975 Weihbischof Meisner, Erfurt; 1976 Weihbischof Hubrich, Magdeburg; 1980 Bischof Wanke, Er-

furt; 1981 Weihbischof Werbs, Schwerin; 1982 Weihbischof Weider, Berlin; 1985 Weihbischof Koch, Erfurt; 1987 Weihbischof Müller, Görlitz; 1988 Bischof Reinelt, Dresden; 1989 Bischof Sterczinski, Berlin; 1990 Bischof Nowak, Magdeburg.

In vielen Konferenzen und Beratungen wurden die internen Fragen, die die Kirche im Lande betrafen, besprochen. So war die dauernde Infragestellung der Kirche und ihres Auftrages im Volk durch das sozialistische System eine ständige Sorge, der sie Ausdruck gaben in Bischofsworten, die von den Kanzeln verlesen wurden. Ich habe das als Bischof in Magdeburg 34mal getan. Dabei ging es in 28 Verlautbarungen um Themen, die den Christen auch als Bürger berührten und ihn zur Stellungnahme herausforderten (siehe „Volk und Kirche in der Dämmerung", Benno-Verlag, Leipzig 1992, Register Bischofsworte). In der Wahrung unserer Selbständigkeit waren wir Bischöfe peinlichst darauf bedacht, jede formale und soweit möglich auch die tatsächliche Einflußnahme des Staates zu verhindern. So gab es keinerlei staatlich beeinflußte Besetzung kirchlicher Stellen mit Priestern in Seelsorge, Verwaltung und karitativer Arbeit. Wieweit wir das Einwirken des Kontroll- und Spitzeldienstes des Staatssicherheitsdienstes auf unsere zahlreichen Bediensteten haben verhindern können oder nicht, werden erst spätere Erkenntnisse zeigen. Nach ersten Erfahrungen beschränkt sich der Kreis sogenannter Inoffizieller Mitarbeiter (IM) innerhalb unserer Kirche auf eine kleine Zahl mittlerer und unbedeutender Kräfte. Die strenge Anweisung, die wir Bischöfe bereits 1960 herausgegeben und überwacht haben, hat uns vor dem Schlimmsten bewahrt.

Es war eindeutig festgelegt worden, wer mit wem zu reden hatte, soweit es um kommunale, die Bürger betreffende Anliegen ging: Dechanten und Ortspfarrer waren beauftragt, auf Gemeinde-, Stadt- und Kreisebene mit

den Bürgermeistern und ihren Beauftragten zu reden, auf der Ebene der Bezirke war der zuständige Bischof der Gesprächspartner, auf Regierungsebene war es der Vorsitzende unserer Bischofskonferenz, der in der Regel auch der Bischof von Berlin war. Grundsätzlich wurden die politischen Parteien, vorab die Funktionäre der SED, wenn sie in dieser Eigenschaft auftraten, als Partner ebenso abgelehnt wie alle Vertreter der Staatssicherheit (Stasi). Für diese Gruppe gab es in den Bezirken wie in Berlin vom Bischof Beauftragte, die in engem Kontakt mit ihrem Bischof zu bleiben hatten. Davon wurden auch die Partner informiert und hatten so keine Chance, konspirativ tätig zu werden. Diese Anordnung wurde zwar mit Unwillen von den betroffenen Stellen des Staates und der Partei zur Kenntnis genommen, aber doch im Ganzen akzeptiert. Alle erkannten deutlich, wie vorsichtig und mißtrauisch die Führung der katholischen Kirche sich den Vertretern dieses Staates und seiner Hilfstruppen näherte und Distanz hielt. So blieb dem oft wiederholten Versuch der Stasi, in diese Front einzubrechen, ein nur geringer Erfolg beschieden. Wir haben den Lockungsversuchen wie den Drohungen kräftig widerstanden und dürfen im Rückblick darüber froh sein. Ich habe eine Reihe von Erfahrungen dieser Art persönlich gemacht.
Die katholische Kirche in der DDR hatte durch die Hilfe der Kirche in der Bundesrepublik die Möglichkeit, über DM-Beträge zu verfügen und sie in der DDR einzusetzen. Sie wurden für den Bau und den Unterhalt von Kirchen, Krankenhäusern, Altersheimen u. a. verwandt, als Zuschüsse für Gehaltszahlungen der kirchlichen Mitarbeiter, für den Kauf und Erhalt von DDR-Autos, ohne die die großflächige Betreuung der Gemeinden kaum möglich war, in die Etats der Bistümer und Jurisdiktionsbezirke aufgenommen. Es gab viele Bedenken unter uns Bischöfen, den Priestern in den Gemeinden, ob damit nicht auch

eine unverantwortliche Stärkung des Systems betrieben werde. Daß es durch diese Stärkung zumindest eine Verlängerung des Unrechtssystems gab, war zu befürchten. Auch von westlicher Seite wurde eingewandt, nicht noch mit DM „den Stacheldraht an der Grenze zu finanzieren".

Doch in eingehender „Güterabwägung" haben wir uns immer wieder entschieden, die westlichen Mittel in unserer Kirche für die dringenden pastoralen und sozialen Aufgaben einzusetzen. Wir haben – ein guter Rückblick bestätigt das – mit diesen Mitteln beachtliche „Freiräume" unserer Kirche schaffen und erhalten können. Sie blieb kräftig und hat in echtem und lebendigem Widerstand still, aber mit Nachdruck zum Untergang der DDR beigetragen. Lange bevor unsere Leute auf die Straße gingen, waren sie – vom Sozialismus wie von schwerer Krankheit geheilt – als Christen gestärkt auf den Weg in die Freiheit geschickt worden. So gelang es mir, in fast allen Neubaugebieten des Bischöflichen Amtes Magdeburg Kirchen und Gemeindezentren zu bauen, sie zu erweitern und den neuen Verhältnissen anzupassen, so in Magdeburg, Halle, im gesamten Jurisdiktionsbezirk an rund 250 Stellen. Wo die medizinische Situation verbessert werden konnte durch Bereitstellung von Valuta für medizinische Geräte, Medikamente und selbst für Kuren, Heilbehandlungen, geschah das in vielen Häusern und Institutionen. Gerade diese Hilfen haben das Vertrauen in unsere katholischen Krankenhäuser sehr gefestigt. Den Druck und Verlag christlicher Literatur hat der Benno-Verlag in Leipzig über vier Jahrzehnte mit solchen Zuschüssen gut leisten können. Für den gesamten Osten hat dieser Verlag bis zur Wende eine bedeutende Rolle innerhalb und außerhalb der Kirche gespielt.

Eine besondere Aufgabe sah ich darin, als Protektor des Bischöflichen Werkes „Not in der Welt", dem zentralen

Hilfswerk der DDR für die Völker der Dritten Welt, alle Hilfeleistungen der sicheren Annahme und Verwendung wegen über die zuständigen Bischöfe der Empfängerländer laufen zu lassen. Das ist uns auch im wesentlichen seit 1970 gelungen. So hatte ich persönlichen Kontakt mit Kardinal Duval, Erzbischof von Algier, den ich 1973 und 1978 in Algerien besuchte und der 1974 mein Gast in Magdeburg war. Auch Bischof Theissier von Oran erwiderte meinen Besuch von 1973 im Februar 1978.

Ich erinnere mich noch gut an die Eindrücke in Algerien nach dem Abzug der Franzosen (1972), die gut 120 Jahre die Kolonialherren gewesen waren. Algier, Oran, Constantine und die anderen Städte waren französische Städte, in denen heute die Algerier des Aufstandes und der Revolution lebten. Die von den Franzosen gebauten katholischen Kirchen waren zu Moscheen, Vergnügungshallen gemacht worden. Im Lande konnte nur bleiben, wer für Algerien optiert hatte oder dringend gebraucht wurde wie unsere Schwestern in den Altenheimen (etwa in Annaba/Hippo) oder die Ausbilder in den Lehrwerkstätten in den Oasen der Sahara.

Einen interessanten Kreis von kundigen und erfahrenen Leuten erlebte ich in Algier. Sehr vorsichtig – Kritik wurde wie in der DDR nicht geduldet –, aber doch gezielt wurde ich gefragt, ob ich aus meiner Diasporaerfahrung und dem Leben im Sozialismus nicht etwas zu ihrer Situation sagen könne. Der materialistisch-marxistische Gegner sei, wie sie wüßten, so militant und aggressiv, wie sie es in ihrem Lande auch durch den Islam erlebten. Ob die Militanz und scharfe Abwehr alles Fremden durch den Islam nicht doch die einzige Form seien, mit der jeder rechnen müsse, der als der Schwächere in seiner Nähe leben müsse, das sei ihre Frage. Ich konnte aus den damaligen Verhältnissen in der DDR nur bestätigen, daß die konsequent ausgeübte Macht vielen keine echte Chance lasse. Es klang sehr theoretisch, wenn ich auf die Möglichkeit verwies, daß die Macht der Ohnmächtigen, das Gebet der Gläubigen, eine Kraft habe, die selbst die Mächtigen zu Fall bringe. Daß wir das 1989/90 in der DDR beispielhaft erleben würden, war damals nicht vorauszusehen. Die Entwicklung in Algerien ist anders verlaufen. Der algerische Staat hat weiter kirchlichen Besitz enteignet und die Ausländer vertrieben. Er hat die Ausübung christlicher Tätigkeiten weiter eingeschränkt, so daß wir von Anfang der 80er Jahre an keine Ansprechpartner (Diözesen, Caritas) mehr hatten.

Zu einer zweiten stabilen Säule wurde mein intensiver Kontakt mit den polnischen Nachbarbischöfen. Die ersten Versuche in diese Richtung verliefen sehr zaghaft, haben aber durch den persönlichen Einsatz meines Generalvikars und späteren Weihbischofs (1976), Theodor Hubrich, einen guten Auftrieb und lebendige Dauer erfahren. Es kam uns darauf an, die Gemeinsamkeit des Glaubens und die Zugehörigkeit zu der einen mit Rom verbundenen Kirche auch dazu zu nutzen, die großen Wunden, die Krieg und Nazismus beiden Völkern geschlagen hatten, zu heilen und eine gewisse Normalität im Umgang miteinander entstehen zu lassen. Viele Begegnungen hüben wie drüben haben eine Menge guter Ansätze geschaffen. Erzbischof Baraniak, Posen, hat mit seinem Besuch in Magdeburg 1972 den Anfang gemacht. Ein Jahr später war ich sein Gast in Posen. Das starke religiöse Leben in dieser Stadt beeindruckte mich. Als ich dann bei der Stadtführung durch Posen aus der Begleitung des Erzbischofs beim Schloß hörte: „Das hat unser Kaiser gebaut!", war ich verwundert und kam mit meinen historischen Kenntnissen nicht zurecht, bis ich merkte, daß man auch auf diese Weise dem Gast gegenüber höflich sein konnte.

Die Begegnungen mit den Bischöfen von Danzig, Pelplin und Bialystock 1973/74, mit dem Bischof von Lombcza beim Jubiläum zum 1000. Geburtstag seines Diözesanpatrons, des hl. Bruno von Querfurt, in Kirche und Stammburg in Querfurt 1975, mit Bischöfen in Lublin und Drohiczyn 1974 vertieften die bestehenden Beziehungen. Zu einem Gespräch mit Kardinal Wyczinski, Warschau und Gnesen, kam es 1974 in Tschenstochau, wo er zum Staunen seiner Weihbischöfe mit mir deutsch sprach. Bei der Inthronisation von Erzbischof Gulbinowicz bin ich mit Weihbischof Hubrich am 1. 2. 1976 in Breslau gewesen. In Oppeln habe ich Bischof Nossol, den ich bereits als Professor in Lublin kennengelernt hatte und der einen meiner Magdeburger Priester zum Dr. theol. promoviert hatte, 1983 besucht und den umfassenden Neubau seiner Diözese erlebt.
Was im einzelnen bei diesen Kontakten herauskam, läßt sich kaum feststellen oder abschätzen. Weihbischof Maidanski aus Wroslawec (Kalisch), der Jahre in deutschen Konzentrationslagern verbringen mußte, sagte mir bei seinem Besuch 1976 in Magdeburg, daß nur persönliche Kontakte den großen Berg an Belastungen aus der Vergangenheit abbauen könnten.
In Rom fand ich in allen Dikasterien des Vatikans stets ein offenes Ohr für die regionalen Anliegen Magdeburgs und der DDR. Erzbischof Casaroli, der Präfekt des Amtes für die öffentlichen Angelegenheiten der Kirche, war ein häufiger Partner und aufmerksamer Zuhörer und Fragender. Ein mit uns Bischöfen vorbereiteter Besuch Casarolis in der DDR am 10./11. 6. 1975 diente der vom Papst geplanten Neuordnung in der DDR. Wir bestanden in der Vorbereitung dieser Begegnung mit der Regierung der DDR auf Sicherung der völligen Freiheit der Kirche in der DDR, ungestörte Verbindung mit den römischen Behörden, Studien für Priester in Rom. In einem Brief an den

Klerus wurden die Priester über diesen Besuch informiert. Auch die in Abständen stattfindenden Gespräche mit den evangelischen Bischöfen der DDR brachten aktuelle Anliegen vor. So etwa bei der Begegnung am 25. 2. 1975 mit den Bischöfen Schönherr, Berlin, Braeklein, Eisenach, Glienke, Greifswald. Kardinal Bengsch, Berlin, Bischof Schaffran, Meißen, und ich selbst waren die Gesprächspartner. Mit einer gewissen Selbstverständlichkeit wurde die gemeinsame Einschätzung der innenpolitischen Situation in der DDR dargelegt und voreinander bestätigt. An eine gewaltsame Veränderung der kirchenfeindlichen, die Menschenrechte verletzenden Haltung der DDR dachte niemand. Aber mit großem Ernst und in aller Offenheit suchte man nach gemeinsamen Wegen, den Gemeinden Lebensräume zu schaffen und zu erhalten, in denen sich kirchliches Leben entfalten konnte. Dabei konnten wir von der katholischen Seite auf die relativ starke Beteiligung an den Sonntagsgottesdiensten verweisen und sie als eine Hauptstütze des kirchlichen Lebens herausstellen. Von beiden Seiten wurde das Bemühen gefordert, die Teilnahme an den ökumenischen Wortgottesdiensten zu aktivieren. Es wurde beiderseits bedauert, daß noch viele Vorbehalte aus der Vergangenheit diese Vorsätze blockierten. Aktuelle Vorgänge (die Selbstverbrennung von Pfr. Brüsewitz, Zeitz; der Fall Lefebvre) veranlaßten zu entsprechenden Stellungnahmen.

Eine auf Dauer starke Bewegung brachten meine Kontakte zur Kirche in der Tschechoslowakei. Dort waren bereits im Mai 1946 die Kommunisten als die stärkste Partei mit 38 % der Stimmen aus den Wahlen zur verfassungsgebenden Nationalversammlung hervorgegangen. Unter Ministerpräsident Gottwald benutzten die Kommunisten die sogenannte „Nationale Front“, die Stellung der bürgerlichen Parteien zu untergraben und die gesamte Entwicklung in ihrem Sinn zu lenken. So wurde die Bodenre-

form 1947/48 nach sowjetischen Modell durchgeführt, die Vertreibung der Deutschen fortgesetzt und im Einvernehmen mit der DDR für 3,1 Millionen Deutsche als gerechtfertigt anerkannt in der Prager Deklaration vom 23. 7. 1950. Die Grenzen wurden beiderseitig garantiert. 1948 entstand nach sowjetischen Vorbild die Tschechoslowakei als volksdemokratische Republik und Einheitsstaat der Tschechen und Slowaken. Die Sowjetisierung der Wirtschaft und des öffentlichen Lebens wurde konsequent durchgeführt und brachte einen lange anhaltenden Kirchenkampf, der ohne Beispiel in den Ostblockstaaten war. Unter dem Prager Erzbischof und Kardinal Josef Beran kam es zu erheblichen Spannungen, da die katholische Kirche Kompromisse mit dem Regime ablehnte. Die Kirche überstand unter Verlusten die Spaltungsversuche des stalinistischen Systems, das die regierungstreue Priestergruppe „Pacem in terris" unter dem suspendierten Priester und Minister Plojhar zu bevorzugen suchte. Die Mehrzahl der kirchentreuen Priester, die ohne „Arbeitserlaubnis" blieben, tauchte unter. Alle Klöster wurden aufgelöst, und den Insassen wurde jede kirchliche Arbeit verboten.
Im Untergrund bildete sich eine starke Opposition, in der die Kirche einen entscheidenen Anteil hatte und ihr eine große Stoßkraft verlieh. Schon früh suchte diese tschechische Kirche Kontakte mit der Kirche in der DDR. Als Touristen nahmen Priester, Ordensleute und Gläubige diese Begegnungen mit uns auf und hielten sie über viele Jahre lebendig. Besuche in Prag bei Kardinal Tomaczek, die ich 1976 und 1986 unternahm, bei den Prämonstratensern in Strahov 1982 und 1986, ihre zahlreichen Gegenbesuche in Magdeburg zwischen 1972 und 1986 haben uns ganz deutlich mit den Nöten dieser Kirche leben lassen. Ich bin mit hochgeschlagenem Kragen und ins Gesicht gezogenem Hut durch die Hinterhöfe Prags gezogen und

habe mich mit den im Untergrund lebenden Priestern in abgelegenen Wohnungen getroffen. Hier wurde nicht nur über die Zustände geklagt, nach Erfahrungen gefragt, sondern auch miteinander gebetet, geistliches Gedankengut ausgetauscht und ich als Bischof immer wieder auch um meinen Segen gebeten. Was ich hier erlebt habe, machte große Hoffnung, daß auch in dieses bedrängte Land wieder neues Leben komme, wie es dann 1989/90 auch geschah. Hinter verschlossenen Türen, gut abgeschirmt durch „Alarmposten", konnte ich mehrfach am Grab des hl. Norbert in Strahov/Prag mit den Prämonstratensern die hl. Messe feiern. Gelegentlich gelang es mir, den Ordensleuten kleine Hilfen zukommen zu lassen, so Breviere, Bücher aus dem St.-Benno-Verlag, weiße Stoffe für ihre Habite, Konfektion und anderes. Große Klöster wie das in Strahov wurden zweckentfremdet (Nationalbibliothek) oder verfielen wie das Kloster in Doksany. Zu den beeindruckenden Erlebnissen gehörten immer wieder die persönlichen Schicksale der Verfolgten. Bei mehreren Gelegenheiten lernte ich den im Untergrund (1950) geweihten Bischof von Königgrätz, Karel Otcenacek, kennen, der nicht amtieren durfte, als Arbeiter in einer Molkerei beschäftigt war, dann als Pfarrer in Nordböhmen tätig war und erst 1990 in sein Amt eingeführt wurde.

Mit großem Interesse hat der Kardinal und Erzbischof von Budapest/Ungarn, Lekai, unsere pastorale Arbeit in der DDR verfolgt. Bei seinem Besuch in Magdeburg 1982 sah er sich intensiv Programm und Ausbildung unseres Seminars für Seelsorgehelferinnen an. Er unterlag in Ungarn, einem Land im Sozialismus, den gleichen Beschränkungen wie wir und sah in der Möglichkeit, mit Frauen in der pastoralen Arbeit eine eigene Hilfe aufzubauen, einen gangbaren Weg. Meine Besuche in Ungarn 1981 und 1984 haben mich ähnliche Verhältnisse wie in Polen und

der ČSSR erleben lassen, auch wenn die Ungarn schon Jahre früher ihre Märkte dem Westen geöffnet hatten.
Eindrücke und Hilfen ganz anderer Art für mich und die Gemeinden nahm ich von meinen Besuchen in der Schweiz und in Österreich mit. Diese Länder waren nur auf einem ungewöhnlichen Weg für uns DDR-Bischöfe zu erreichen. Für die Flüge nach Rom war mit wenigen Ausnahmen, die eine Direktverbindung von Berlin-Schönefeld nach Rom anboten, eine Zwischenlandung in Wien, Prag oder Zürich erforderlich. So war ein Aufenthalt in Österreich und in der Schweiz möglich. Begegnungen mit den Benediktinern in Einsiedeln/Schweiz, mit den Bischöfen von St. Gallen, Chur, dem Kardinal und Erzbischof von Wien, Franz König, ließen mich einen Einblick in die Vorteile und Bedrängnisse eines lange anhaltenden Wohlstandes und gefestigter politischer Verhältnisse gewinnen. Aus der Schweiz gab es manche Anregung für den Aufbau eines Bauordens, der allerdings in der DDR nur in Anfängen zustande kam. Finanzielle Hilfen konnten auf Umwegen realisiert werden.
Dieses Kapitel möchte ich nicht schließen, ohne auf einige Ereignisse hinzuweisen, die Magdeburg und seine Kirche noch einmal in den größeren Raum der Kirche stellten.
Alle Bischöfe der DDR – Einladungen in den Westen waren durch die Behörden abgelehnt worden – feierten am 18. 5. 1977 das 25jährige Bestehen des Norbertuswerkes in Magdeburg, dann des Priesterseminars auf der Huysburg und des theologischen Studiums in Erfurt. Die 900-Jahr-Feier der Geburt des hl. Norbert lief am 7./8. 6. 1980 unter großer Beteiligung in- und ausländischer Gäste ab. Der Prämonstratenserabt van den Ven aus Berne, Holland, stand mit zwölf Mönchen in ihren weißen Gewändern im Mittelpunkt. Hinzu kamen zwei tschechoslowakische Prämonstratenser unter rund 25 000 Gläubigen auf der Festwiese im Herrenkrug in Magdeburg.

1982 fand die Erhebung Norberts zum Patron von Magdeburg statt, an der Erzbischof Dr. Degenhardt, Paderborn, Weihbischof Krätzl, Wien, Prämonstratenser aus der Bundesrepublik, Holland und Belgien, Priester, Delegierte und Volk aus dem Bischöflichen Amt Magdeburg sehr zahlreich teilnahmen.
Noch einmal führte der hl. Norbert die Magdeburger Kirche an die Weltkirche heran. In den Prämonstratenserklöstern Belgiens und Hollands habe ich die letzte Phase des Lebens und Wirkens des Heiligen in Erinnerung gebracht. Vom 24.-29. 9. 1982 war ich in beiden Ländern zu Gast, habe in Mecheln Kardinal Daneels besucht, in Antwerpen mit Generalabt van den Ven, Rom, eine feierliche Vesper gehalten und bei dem Festakt im Theater der Stadt Norberts letzten Weg in Magdeburg noch einmal herausgestellt.
Die Gemeinde Nabburg in der Oberpfalz erhielt eine Reliquie des hl. Burchard, des Sohnes dieser Stadt. Die feierliche Beisetzung in der Stadtkirche nahm ich am 8. 7. 1984 vor. Auch 900 Jahre Kloster Huysburg am 15. 8. 1984 ließen ein Stück gemeinsamer Geschichte lebendig werden. Bischof Rusch aus Innsbruck war im November 1984 bei der Gedächtnisfeier für seinen von den Nazis ermordeten Generalvikar Karl Lampert in Halle. Zum Katholikentreffen in Dresden waren alle DDR-Bischöfe am 10. 12. 1987 mit vielen Menschen aus allen Teilen der DDR versammelt.
Die Antwort auf die Frage, wie wir die vielen Jahre über in diesen schwierigen Verhältnissen zurechtkamen, ist nicht mit gut oder schlecht zu beantworten, sondern es ist auf das Maß an Begegnungen, Anstöße und Antworten zu verweisen, wie ich es in diesem Kapitel darzustellen versuchte. Auch im nächsten Kapitel geht es mir darum, mit dem „Leben und der Arbeit in den Gemeinden" einen ähnlichen Schwerpunkt herauszustellen.

II.

Leben und Arbeit in den Gemeinden

Wir Christen stehen in einer langen Tradition des Lebens, Betens und Arbeitens in diesem Lande, auch wenn das äußere Bild oft vieles verdrängt, was daran erinnert. So kommen die Gläubigen in den Städten und auf dem Lande Sonntag für Sonntag und in den Alt- und Stammgemeinden auch an allen Werktagen zu den Eucharistiefeiern zusammen. In der Regel sind gerade die Sonntagsgottesdienste gut besucht und geben den Gemeinden auch ihre Gepräge. Gemeinsame Gebete und Lieder, aktive Teilnahme durch Lektoren, Sänger und Ministranten gehören in den Ablauf, persönliche Bekanntschaften untereinander, Vertrautheiten aus Gruppen und gemeinsamen Tätigkeiten in der Gemeinde lassen persönliche Nähe erkennen. Besonders stark ist diese Nähe auf den sogenannten Außenstationen, wohin die Gläubigen aus dem nahen und weiteren Umfeld zu den Gottesdiensten kommen. Das Auto macht ihnen den Weg dorthin heute leichter, als er früher war. Oft hatten sie einen längeren Fußweg zu machen, um mit dem Priester, der bis zu drei bis vier Meßfeiern in seinem Seelsorgebereich am Samstag/Sonntag zu halten hatte, die hl. Messe zu feiern. Jeder kennt jeden und nimmt so in der Regel lebendig Anteil am Geschick des einzelnen.

Über den Gottesdienst hinaus ist die Begegnung in dem außerschulischen Religionsunterricht, den sogenannten Glaubensstunden, ein- bis zweimal wöchentlich die gute Regel. Wo es möglich war und die Zahl der Jugendlichen ausreichte, da hielten der Seelsorger, Männer und Frauen

Gruppenstunden, in denen Gegenwartsfragen behandelt wurden. Feste und besondere Tage wurden vorbereitet und durchgeführt. Eine große und besondere Bedeutung behielten in den Jahren der extrem kirchenfeindlichen Haltung der DDR-Führung unsere Seelsorgehelferinnen, die in allen Bereichen der pastoralen Arbeit tätig waren. Sie kamen nach einer vierjährigen Ausbildung in Magdeburg mit Abschlußexamen und bischöflicher Beauftragung in die Gemeindearbeit. Ihre Hauptaufgabenfelder lagen in den großen Stadtgemeinden, sie wurden aber auch in den weit gestreuten Landgemeinden, zu denen oft 30-40 Dörfer gehörten, eingesetzt. Bereits seit 1980 habe ich diese Frauen aber auch in Stellen beauftragt, in denen früher ein eigener Priester war, jetzt aber in enger Zusammenarbeit mit dem für die hl. Messe und Sakramentenspendung zuständigen Nachbarpriester eine große Verantwortung bei diesen Frauen lag. Ich habe in langen Jahren gute Erfahrungen mit dieser Mitarbeit von Frauen in der pastoralen Arbeit gemacht. Die Kinder- und Jugendarbeit hat so nicht nur überlebt, sondern an vielen Stellen auch einen beachtlichen Auftrieb erfahren. Gerade unsere Seelsorgehelferinnen haben entscheidend dazu beigetragen, der Diasporaarbeit den Charakter einer „Notversorgung“ zu nehmen und sie zu stabilisieren.
Die karitativen Dienste wurden in allen Jahren trotz erhöhter personeller und finanzieller Schwierigkeiten in besonderem Maße von unseren Schwestern aus der Kongregation der hl. Elisabeth, den „Grauen Schwestern“, in ihren Krankenhäusern in Halle (Elisabeth-, Barbarakrankenhaus) und Magdeburg (Marienstift) getragen. In Dessau (St. Josef) übernahmen nach dem Weggang der Ordensschwestern Laienkräfte die Verwaltung und Versorgung der Kranken. Der Caritasverband hat sich schon unmittelbar nach dem Krieg (1946) durch tüchtige Direktoren (Solbach, Hofmann, Scholze, Hillebrand, Brozek) eta-

bliert und seine Zweigstellen über das ganze Land hin ausgeweitet. Diese karitativen Dienste insgesamt hatten den besten Ruf und wurden gelegentlich auch von den Anhängern des Systems (zum Beispiel in Krankenhäusern) in Anspruch genommen. Ohne eine starke und kontinuierliche Hilfe des westlichen, insbesondere des Paderborner Caritasverbandes wäre vieles nicht oder nur sehr schwer gelaufen. Die Lieferung und Bezahlung westlicher, bei uns unerreichbarer Medikamente, die gelegentliche Übernahme von Behandlungen (Operationen u. a.) und Kuren haben oft weitergeholfen.

Die Kanzelverkündigung wie auch die Arbeit in den Glaubensstunden blieben in der Regel unbehelligt. Massiv wirkte das System aber auf die Menschen ein, nicht am kirchlichen Leben teilzunehmen. Lehrer, Kommunalpolitiker, Polizisten, Studenten waren besonders stark von diesem Druck betroffen. In die Haftanstalten, Wohnheime, Unterkünfte für Ausländer (polnische Montagearbeiter, vietnamesische, nordkoreanische Studenten) war nur schwer hineinzukommen. Eine Arbeit der Kirche unter Soldaten der Nationalen Volksarmee, bei der Volkspolizei, den Kampfgruppen war verboten und wurde mit allen Mitteln abgeblockt. „Die brauchen wir nicht!" war die überhebliche Antwort. Mir selbst ist es trotz wiederholter Versuche und Intervention unserer zentralen Stellen nicht gelungen, an den Weihnachtsfeiertagen einen Gottesdienst in der Magdeburger Haftanstalt, gemischt besetzt mit politischen Häftlingen und Straftätern, zu halten mit der abweisenden Bemerkung, es bestehe „kein Bedarf".

Nach anfänglichem Zögern hat sich die Kolpingfamilie in über 40 Gemeinden eingerichtet und eine solide Grundlage geschaffen, um nach der Wende sofort zur Stelle zu sein. Ihr gelang es, noch in finsterer Zeit ein Bildungs- und

Erholungshaus durch Um- und Ausbau eines alten Wohnhauses in Halberstadt zu schaffen, das für die damaligen Verhältnisse gute Voraussetzungen für die regionale und überregionale Arbeit zu schaffen versprach. Es gab schon früh lebendigen Kontakt zur zentralen Kolpingfamilie in Paderborn (Diözesanpräsides Belke, Schröder) und Köln (Generalpräses Festing). Von zunehmender Bedeutung waren die Verbindungen zwischen einzelnen Kolpingsfamilien in Ost und West, die durch einzelne (zum Beispiel Altsenior Hendker) und durch Rentner aus der DDR ihre Begegnungen pflegten. Die Hauptfelder der Tätigkeiten unserer Kolpingfamilien lagen in den Pfarreien, gelegentlich bei regionalen und überregionalen Treffen. Zu regelmäßigen Tagungen kamen die Senioren der Kolpingfamilien zusammen, um mit mir sie alle betreffende Anliegen zu beraten. So haben sie über mehrere Jahre hin nach einem zentralen Haus gesucht und dann in Halberstadt auch praktisch Hand angelegt, den Schutt aus dem verfallenen Haus geräumt und den Baubeginn vorbereitet, den Umbau selbst begleitet und manche „Gespanndienste" geleistet. Eine Tätigkeit im öffentlichen, politischen Raum war ausdrücklich untersagt und wurde argwöhnisch beobachtet und mit bewährten Stasimethoden verhindert. Es war mir von Anfang an (1970) ein Anliegen, über die engen Grenzen, die die einzelnen Gemeinden zogen, den Blick auf die gemeinsame Ortskirche zu lenken, die sich ab 1973 durch meine Ernennung zum Apostolischen Administrator als Bischöfliches Amt Magdeburg (BAM) bezeichnete. Veranstaltungen, die die Gemeinden nach Magdeburg riefen, waren Bischofsweihen (Hubrich 1976, Nowak 1990), Jubiläen zu Ehren des hl. Norbert (1980/1982/1984), des hl. Adalbert, des ersten Erzbischofs von Magdeburg (1980), Jubiläen des Norbertuswerkes (1962/1977), die Seminare der Seelsorgehelferinnen und Fürsorger, Begegnungen mit Kardinälen (Jaeger, Paderborn; König, Wien; Duval, Algier) und Bischöfen der Weltkirche.

Die jährlichen Familienwallfahrten zur Huysburg waren auf den letzten Sonntag im Juni eines jeden Jahres festgelegt und fanden in sehr vielen Gemeinden des BAM ein immer stärker werdendes Echo. Wir konnten an diesem Tag im Durchschnitt mit 10 000 bis 12 000 Wallfahrern rechnen. Ich habe sehr viele gute Erinnerungen daran, was die Beliebtheit dieser Wallfahrten und die Beteiligung unserer Gläubigen angeht. „Dieser Tag gehört fest in meinen Kalender", sagte der eine, der andere bat mich: „Das sollten wir häufiger im Jahr tun!" Gerade der starke Beichtandrang gab diesem Tag seine besondere Note. Nach der Einrichtung der Wallfahrtskapelle (1975) und ihrer besonderen Ausstattung (Mandorla, Kerzenbänke, Aufstellung barock nachgearbeiteter Kirchenbänke 1984 bis 1986) wurde die „Madonna vom Huy" auch Ziel einzelner Gruppen von Wallfahrern, denen die Benediktiner als Beichtväter, zur Führung durch die romanische Kirche und seit 1987 auch mit einer kleinen Kaffeestube zur Verfügung standen. Die großen Wallfahrtsveranstaltungen konnten seit 1984 auf der Wallfahrtswiese stattfinden, die mit einem frei stehenden Altar und einer Lautsprecheranlage allen Wünschen entsprach.

Für die in den Sommer- und Herbstferien dort oben laufenden Religiösen Kinderwochen (RKW) waren Wasch- und Toilettenanlagen neu gebaut worden (1985). Exerzitien und Einkehrtage wurden bei den Benediktinern und in den Räumen des Priesterseminars angeboten. Selbst sogenannte Rüstzeiten der evangelischen Kirche fanden dort statt. Mit dem Einbau der neuen Orgel (1983) wurden Konzerte gegeben, die beachtlichen Zulauf fanden. Wie angesehen die Benediktiner und ihre Arbeit im Priorat St. Marien (seit 1984 erhoben) waren, zeigte sich bei der 900-Jahr-Feier seit der Gründung der Abtei am

15. 8. 1984. Bischöfe, Äbte und Priester aus Polen, der DDR und dem BAM waren mit vielen Gläubigen Gäste dieses Tages.
Zu einem Mittel meiner pastoralen Arbeit und Empfehlung für unsere Gemeinden wurde meine gezielte und oft betonte Begegnung mit den Ortsheiligen und den Heiligen der Weltkirche. Wir Magdeburger waren im Besitz mehrerer Heiligengräber und verfügten über Heilige, die einen großen und weltbekannten Namen hatten. In der Franziskanerkirche St. Andreas in Halberstadt wird das Grab des hl. Burchard, Bischof von Halberstadt (1036-1059), aufbewahrt. Nach dem Wiederaufbau der im zweiten Weltkrieg zerstörten Pfarr- und Klosterkirche (1985) wurde auch das Grab des Heiligen erneuert, durch einen kostbaren Schrein herausgestellt und der öffentlichen Verehrung freigegeben. Auf der Huysburg, in unmittelbarer Nachbarschaft von Halberstadt, ist der Gründer des dortigen Benediktinerklosters, der selige Ekkehard von der Huysburg († 1024), in einem neu gebauten Hochgrab beigesetzt. Im evangelischen Dom zu Magdeburg liegt der erste Erzbischof des Bistums, der hl. Adalbert († 981), begraben. Das Grab ist nicht mehr erhalten. Der hl. Norbert, seit 1982 Patron des Bischöflichen Amtes Magdeburg, wird im Lande verehrt, ist in fünf Kirchen (Magdeburg, Halle, Merseburg, Calbe S., Ilberstedt) der Patron. Bei der Konsekration des neuen Altares in der Bischofskirche St. Sebastian in Magdeburg (1992) ist eine Reliquie des heiligen Norbert als Geschenk des Generalabtes der Prämonstratenser, L. van den Ven, Rom, mit einer Reliquie des hl. Burchard von Halberstadt und des hl. Liborius von Paderborn eingesetzt worden. Der hl. Bruno von Querfurt, dessen Familiensitz in Querfurt noch erhalten ist, gehört zu den Heiligen der Weltkirche (Generalkalender am 9. März). Als Patron der polnischen Diözese Lombcza wurde er dort wie in Magdeburg zum

1 000. Geburtstag von den polnischen und deutschen Katholiken festlich geehrt (1975). In der evangelischen Stiftskirche von Quedlinburg befindet sich das Grab der hl. Mathilde, Königin und Gattin des ersten deutschen Königs Heinrich I. Sie starb 968 und ist seitdem dort begraben. Eine besondere Verehrung genießen die hl. Adelheid († 999), Kaiserin und Gattin Ottos d. Gr., die Mystikerinnen aus dem Kloster Helfta, die hl. Mechthild von Magdeburg († 1283), die hl. Gertrud d. Gr. († 1302) und die hl. Mechthild von Hackeborn († 1299).

Hervorragenden künstlerischen Ausdruck fand die Verehrung des hl. Norbert auf Altären, wie sie in der evangelischen Stadtkirche in Könnern stehen. Als Mittelfigur des Altarschnitzbildes ist der hl. Norbert dargestellt als Bischof, begleitet von seinem Gefährten, dem hl. Evermod, Bischof von Ratzeburg. Ferner auf einem Altarbild in Kirch-Edlau, auf dem Osterleuchter im Kloster Jerichow. Neuere Darstellungen finden sich in den genannten Norbertkirchen im BAM. Die ersten Vorarbeiten, einen „Magdeburger Heiligenkalender" zu erstellen, traf Dr. Bunke, Dozent für Geschichte im Norbertuswerk in Magdeburg. Sie gaben mir den Anlaß, bereits 1974 in alle Gemeinden eine elfseitige Übersicht zu verschicken, die bereitwillig aufgenommen wurde, schon nach kurzer Zeit vergriffen war und nicht mehr zur Verfügung stand. In erweiterter Fassung konnte ich dann im Herbst 1978 eine Arbeit im Umfang von 150 Seiten herausgeben, die Leben und Werk der Magdeburger Heiligen (22) und Seligen (17) sowie einiger hervorragender Gestalten umfaßte. In einem zweiten Teil dieser Arbeit wurden bedeutende Persönlichkeiten des Magdeburger Raumes, soweit sie nicht im eigentlichen Heiligenkalender standen, aus allen Jahrhunderten bis in die Gegenwart vorgestellt. Auch diese Arbeit wurde so sehr und breit aufgenommen, daß die Exemplare dieser „Handreichung“ schnell vergriffen waren. Ich habe diese Nachfrage aufgegriffen und im Zusammenhang mit einer Selbstdarstellung unseres Magdeburger Jurisdiktionsbezirkes die Veröffentlichung zweier Bände im Benno-Verlag veranlaßt, in denen im ersten Band „Kirche – gestern und heute“ (zwei Auflagen 1984/1989) Landschaft und Geschichte beschrieben werden und im zweiten Band „Gelebter Glaube“ Heilige, Verfolgte, Bekenner auf circa 200 Seiten und mit zahlreichen Bildern dargestellt sind (1989), alle bearbeitet von Elfriede Kiel, Leipzig. Im Herbst 1992 erschien im Benno-Verlag Leipzig mein historisch-pastoraler Rückblick: „Volk und Kirche in der Dämmerung. Ein Einblick in die vier Jahrzehnte des Sozialismus in der DDR.“

Im Chorgestühl von St. Sebastian in Magdeburg ließ ich von den Gebrüdern Winkelmann, Günne/Möhnesee, zwei Reihen von Bildtafeln schnitzen und anbringen, die die Heiligen unseres Landes zum Thema haben (1981/82). Auf der linken Seite am langen Chorgestühl wird das Leben des hl. Norbert, des Patrons von Magdeburg, gestaltet. Tafel 1 zeigt die Bekehrung Norberts vor den Toren von Xanten am Niederrhein, die sich unter Donner und Blitz wie einst beim hl. Paulus vollzog (1115). Auf Tafel 2 sind die Gründung und der Bau des Klosters Prémontré in Südfrankreich dargestellt. Die Bischofsweihe Norberts am 28. 7. 1126, die im alten Dom zu Magdeburg stattfand, zeigt Tafel 3. Auf Tafel 4 wird die Rechtsprechung in Magdeburg durch Norbert gezeigt. Ankläger und Verteidiger bringen ihre Argumente vor. Gegen die Willkür der Reichen steht der Spruch Norberts. Am 6. 6. 1134 stirbt Norbert im Kloster Unserer Lieben Frau in Magdeburg inmitten seiner Brüder, wie Tafel 5 zeigt. Tafel 6 hat die Heiligsprechung Norberts in Rom am 28. 7. 1582 durch Papst Gregor XIII. zum Thema.

Auch auf der rechten Seite des Chorgestühls sind auf

sechs Tafeln Ereignisse aus der Geschichte der Heiligen Magdeburgs dargestellt. Auf Tafel 1 wird der hl. Adalbert als erster Erzbischof von Magdeburg Weihnachten 968 in sein Amt eingeführt. Zwischen Kaiser Otto I. mit Zepter und Münzteller – der Darstellung des Herrscherpaares mit dem Münzteller im Dom nachempfunden – und Papst Johannes XII. mit Tiara und Stab empfängt Adalbert den Bischofsstab. Der hl. Bruno von Querfurt – so Tafel 2 – predigt den heidnischen Ostpreußen. Er stirbt 1009 den Märtyrertod. Der selige Ekkehard – Tafel 3 – gründet 1084 das Kloster Huysburg bei Halberstadt. Es wurde über viele Jahrhunderte hin zum Mittelpunkt des religiösen Lebens im Harzvorland. Seit 1972 gibt es dort oben wieder Benediktiner im Priorat St. Marien. Auf Tafel 4 zieht der heilige Norbert mit seinem Begleiter, dem hl. Evermod, 1126 in Magdeburg ein. Norbert ist bis zu seinem Tode 1134 Erzbischof, Evermod zwanzig Jahre Propst im Kloster Unserer Lieben Frau in Magdeburg. Tafel 5 zeigt das berühmte Trio der Mystikerinnen von Helfta: die hl. Mechthild von Hackeborn († 1299), die hl. Gertrud d. Große († 1302), die hl. Mechthild von Magdeburg († 1283). Die Kardinäle Nikolaus von Kues (1451) und der hl. Johann von Capistrano (1453) – Tafel 6 – predigen in Magdeburg. Die Reformation, die den Untergang des Erzbistums bringt, kündigt sich an.
In einem großen Wandteppich (5 x 2 m) habe ich durch die Grafikerin May in Magdeburg die Heiligen und Seligen des Magdeburger Landes buntfarbig und mit erklärenden Texten darstellen lassen. Nach rund zweijähriger Arbeit konnte er dann 1979 im Bischofshaus aufgehängt werden. Ich habe oft Gelegenheit gefunden, ihn in meinem Hause Gruppen und Interessierten aus den Gemeinden vorzustellen und sie auf die Hauptthematik dieser Arbeit hinzuweisen, nämlich auf die vielen menschlichen Freundschaften und Begegnungen dieser Heiligen,

die auf engem Raum und zu verschiedenen Zeiten zusammenlebten: In den Wäldern des Huy trafen sich im 11. Jahrhundert zwei Frauen, die mit gleichen Motiven und starker Liebe zu Gott und Kirche eine Einsiedelei gründeten, in die über viele Jahre und Jahrzehnte ihre Nachfolgerinnen zogen. Es waren die beiden Frauen Adelheid von Gandersheim und Pia von Quedlinburg, die in herzlicher Freundschaft und tiefer Frömmigkeit ein Leben führten, das für viele im Lande, gerade für die sogenannten einfachen Leute, Beispiel und Trost wurde. Noch heute finden wir bauliche Reste ihrer Einsiedelei auf der Huysburg, am Rande der Wallfahrtswiese.
In der Stadtsiedlung am Rande von Magdeburg lebten im 11. Jahrhundert die beiden Schwestern Alverda und Irmgarda als Reklusinnen. Auch ihre Heiligkeit strahlte etwas aus von der menschlichen Güte, die Menschen gleicher Gesinnung oft zeigen können.
An der Spitze des Reiches stand eine große Heilige, die auf ihre besondere Weise Zeugnis gab von der Liebe zu Gott und den Menschen. Dies war die Königin Mathilde, die Gattin Heinrichs I., Mutter von Kaiser Otto d. Gr. und Mutter des hl. Erzbischofs Bruno von Köln. Ihr folgte mit großer Überzeugung und bedeutender organisatorischer und menschlicher Leistung die Äbtissin Mathilde, die dem Domstift Quedlinburg vorstand und als Enkelin der Königin Mathilde auch starke persönliche Beziehungen zu ihrer Großmutter unterhielt. Die Königin Mathilde starb im Jahre 968, die Äbtissin im Jahre 999.
Unter den ersten Bischöfen von Halberstadt ragen zwei besonders hervor. Der hl. Hildegrim I. war ein Schüler des hl. Liudger von Münster, mit dem er im Lande um Halberstadt missionierte. Der hl. Burchard I. von Halberstadt, dessen Gebeine in der St.-Andreas-Kirche in Halberstadt ruhen, war ein Gefährte und Freund von Kaiser Konrad II. Er diente ihm als Kanzler und starb in großer Liebe zu

Gott und Reich im Jahre 1059. Besonders eindrucksvoll ist das Hochgrab des sel. Ekkehard in der Kirche auf der Huysburg. Wenn wir davor stehen und die ruhmvollen Zeilen auf dem alten Grabstein lesen, beeindruckt uns heute noch das vorbildliche Leben dieses Mannes, der als erster Abt der Huysburg dort einem Kloster vorstand, das über viele Jahrhunderte beispielhaft in unserem Lande sein sollte. In seinem Grab hat man schon früh beigesetzt die Gebeine seines Freundes und Gefährten Thiezelin. Noch heute gibt es kaum ein eindrucksvolleres Zeugnis von Freundschaft und menschlicher Nähe als dieses Beisammensein im Tode.

Von exemplarischer Bedeutung ist für uns das Leben des heiligen Norbert von Magdeburg, Erzbischof von 1126-1134, an dessen Seite in allen Lebenslagen, angefangen vom Stiftungskloster Prémontré in Frankreich bis in die Todestage in Magdeburg, in Treue der hl. Evermod lebte. Noch nach dem Tode Norberts blieb er in dieser Stadt. 20 Jahre war er als Propst im Kloster Unserer Lieben Frau tätig. Die menschliche Größe hat Norbert an seinen Freund Evermod immer wieder hervorgehoben. Selbst in den dunkelsten Tagen in Magdeburg leuchtete dieses Licht gegen alle Finsternis des Neides und des Unverständnisses. Evermod starb als Bischof von Ratzeburg im Jahre 1178.

Dieser Teppich hat mit so lauter und eindrücklicher Sprache in unsere eigenen Bedrängnisse hineingerufen, daß er mir immer wieder Anlaß war, seine bunte und lebendige Rede weiterzugeben. In etwas größerer zeitlicher Entfernung lebten die beiden Heiligen, die den gleichen Namen trugen. Es war der erste Erzbischof von Magdeburg, der hl. Adalbert, in dessen Schule und Nähe der slawische Fürstensohn Wojciech zog, der in der Firmung den Namen seines Lehrers und Freundes Adalbert annahm und in der Kirchengeschichte bekannt wurde als der heilige

Adalbert von Prag. Adalbert von Magdeburg starb im Jahre 981, Adalbert von Prag im Jahre 997. Von ungestümer missionarischer Gewalt war der heilige Brun (Bruno) von Querfurt. Er war Domschüler und später Kanonikus in Magdeburg. Von Erzbischof Tagino wurde er zum Missionsbischof geweiht. Er blieb zeit seines Lebens ein enger Freund dieses dritten Erzbischofs von Magdeburg, des seligen Tagino.
Deutlich sichtbar wird in der Bildgeschichte, daß die Benediktiner ihren Einfluß an die Franziskaner weitergegeben haben. Diese beginnen in diesem Lande eine so überaus erfolgreiche und segensreiche Tätigkeit, daß ihre Spuren bis in die Gegenwart sichtbar geblieben sind. Mittelpunkt dieses Wirkens sind das Kloster in Halberstadt und die bedeutende Klosterschule in Magdeburg. Gerade die Mönche des Klosters in Halberstadt gaben in der Reformation und später Zeugnis von der Glaubenstreue ihres Konventes. Sie waren und sind für viele Gemeinden Trost und Hilfe, zumal die Verehrung des hl. Burchard, der in ihrer Klosterkirche begraben liegt, der Frömmigkeit unseres Volkes einen besonderen Akzent gegeben hat.
Bis in die Gegenwart hinein reicht der Einfluß der Frauen von Helfta im geistlichen Leben der Kirche. Sie haben mit ihren Schriften zur christlichen Mystik um 1300 herum dieses Zisterzienserinnenkloster zur Blüte geführt. Gertrud von Hackeborn war Äbtissin in diesem Kloster bei Helfta/Eisleben, und zu ihrem Konvent gehörten ihre leibliche Schwester, die heilige Mechthild von Hackeborn, die heilige Gertrud d. Gr. und die heilige Mechthild von Magdeburg. Mit ihrem Buch „Liber specialis gratiae" gehört die hl. Mechthild von Hakeborn zu den einflußreichsten Mystikerinnen dieser Zeit. Sie starb im Jahre 1299. Übertroffen wurde sie von der hl. Gertrud, die den Beinamen „die Große" erhielt. Sie war im Kloster groß geworden und lebte nun dort als Zisterzienserin. Gertrud

galt bald als die größte deutsche Mystikerin. Ihr schriftliches Werk ist in den „Insinuationes", den geistlichen Eingebungen, zusammengefaßt. Am bekanntesten wurden ihre „Exercitia spiritualia", ihre „Geistlichen Übungen". Gertrud starb im Jahre 1302. Die heilige Mechthild von Magdeburg war ebenfalls eine bedeutende Mystikerin dieses Klosters. Sie hat 40 Jahre als Begine in Magdeburg gelebt und gegen Ende ihres Lebens ihre neun Bücher „Das fließende Licht der Gottheit" im Kloster Helfta verfaßt. Sie starb 1283. Die Frauen von Helfta standen stark unter dem Einfluß eines Dominikaners, des heiligen Wichmann von Arnstein, der viele Jahrzehnte in Magdeburg lebte und engen Kontakt mit den Frauen in Helfta hatte.

Zwei hervorragende Gestalten auf dem Stuhl des Magdeburger Erzbistums haben kurz vor der Reformation noch eine Zeit der Besinnung und der Konzentration im geistlichen Leben in Magdeburg erreicht. Es war der Erzbischof Friedrich III., der den hl. Kardinal Nikolaus von Kues und einen ebenso hervorragenden Prediger, den hl. Johannes von Capistrano, nach Magdeburg holte. Sein Povinzialkonzil von 1451 brachte eine große Erweckung unter Klerus und Volk. Er starb im Jahre 1464. Sein Nachfolger wurde Erzbischof Johannes, der das Reformwerk seines Vorgängers weiterführte. Er starb 1475 im Rufe der Heiligkeit. Diese große Zahl von Heiligen war für mich ein so bedeutender Schatz, der als „Gemeinschaft der Heiligen" immer wieder ins Bewußtsein unseres katholischen Volkes gebracht werden mußte.

Ich war erfreut, daß die Verehrung unserer Heiligen ein starkes und breites Echo in unseren Gemeinden fand. Kinder wurden in der Taufe nach ihnen benannt (Norbert, Bruno, Mechthild, Gertrud u. a.), die Patronate der neuen Kirchen und Gemeindezentren auf sie ausgerichtet (Adalbert und Mechthild in Magdeburg). In den neuen

Kirchenfenstern von St. Sebastian in Magdeburg sind zu je drei Personen die Magdeburger Heiligen jeweils im Unterteil eines jeden Fensters dargestellt (1990/92): 1. Norbert, Erzbischof und Patron von Magdeburg; Mauritius, Patron des alten Erzbistums; Sebastian, Kirchenpatron. 2. Adalbert, erster Erzbischof von Magdeburg; Burchard, Bischof von Halberstadt; Liborius, Patron des Erzbistums Paderborn. 3. Adelheid, Kaiserin; Mathilde, Königin; Gertrud d. Gr., Mystikerin. 4. Mechthild von Magdeburg, Mystikerin; Jutta von Sangerhausen, Einsiedlerin; Elisabeth von Thüringen, Fürstin und Bettlerin. 5. Heinrich II., Kaiser; Bruno von Querfurt, Missionar; Ekkehard von der Huysburg, Mönch. 6. Selige Pauline von Mallinckrodt, Ordensstifterin; Konrad Martin, Bischof von Paderborn; Graf Stollberg, Gründer des Bonifatiusvereins. Die Windfahnen auf den beiden Türmen von St. Sebastian zeigen den heiligen Mauritius und den heiligen Norbert.
Die Anbetung als intensive Form der Gottesverehrung blieb in allen Jahren meiner Verkündigung in den Gemeinden mein zentrales Anliegen. So wurden bereits 1973 in St. Sebastian und bald in 12-15 Stadtgemeinden die wöchentlichen Anbetungsstunden vor dem ausgesetzten Allerheiligsten eingeführt. In einem Arbeitskreis zum Thema Eucharistie und Gemeindeleben wurde beim Norbertfest 1980 festgestellt, daß Eucharistie und Gemeinde unlösbar zusammengehören. Eucharistiefrömmigkeit stärke das Gemeindeleben. Als bremsend wurde benannt, wenn innerhalb und außerhalb der Gemeinde Mangel an Kontaktfreude vorhanden sei. Christus werde aus der Gemeinde ausgeschlossen, wenn die Menschen sich voneinander abkapseln. Nachlässigkeit in irdischen Dingen verhindere christliches Zusammenleben. Brückenbildend seien Familienkreise, Kolpingsfamilien, Vereinsleben und vor allem die gemeinsame Feier der Eucharistie. Eine Brücke, die die Eucharistie weiter ins Leben trage, sei

die Freude über die kleinen Dinge des Lebens, eine Blume, einen Sonnentag, Aufmerksamkeiten der Menschen untereinander. Freude bleibe der kräftigste Motor auch im Leben der Gemeinde (Protokoll vom 7. 6. 1980 / Arbeitskreis 4 beim Norbertjubiläum).
Auf einige besondere Merkmale unserer Gemeinde in der katholischen Kirche in der DDR habe ich hingewiesen in der Hoffnung, damit auch die Struktur dieser Kirche in etwa umrissen zu haben. Doch ich möchte sie zusammenfassen und dabei Konturen sichtbar machen, die nicht auf den ersten Blick zu erfassen sind.
Die Vereinsamung einzelner Gemeinden und von Gläubigen in diesen Gemeinden, entstanden durch die Zerstreuung (Diaspora), die geringe kirchliche Praxis in einzelnen (Land-)Gebieten, die harte Ablehnung und Infragestellung durch das politische System, war oft nur schwer zu beheben. Wer eine Aufgabe fand, hatte es leichter, heimisch in diesen Gemeinden zu werden: Krankendienste, Hilfe für Sucht-(Alkohol-)Abhängige, eine gelegentliche Sterbebegleitung konnten für die Selbstfindung wie die eigene Ortsbestimmung in der Gemeinde von großem Wert werden. Die „offene Kirche" im wörtlichen wie im übertragenen Sinn – der Zugang tagsüber vor den Tabernakel der Kirche wie die Bereitschaft, auf den anderen zu hören – war oft ein guter und leichter Einstieg, ihre Verschlossenheit aber oft auch ein unübersteigbares Hindernis.
Die Glaubenstreue war nicht nur eine persönliche Leistung und Hilfe für den eigenen Weg über viele Hürden, sondern fand auch ihren Lohn in einer tragenden Gemeinschaft, die nicht nur in Problemen angerufen wurde, sondern auch dauerhafte und wahre Zufriedenheit schenkte. Und das brachte sie nicht nur gelegentlich, sondern ließ den einzelnen, die Gemeinde selbst in einer sichtbar gefestigten Struktur erscheinen. Ich habe bei

meinen Besuchen in den Gemeinden zu Sonntagsgottesdiensten, Firmungen, festlichen Veranstaltungen oft erleben dürfen, wie bestimmend und aufbauend eine gute allgemeine Atmosphäre in den Gemeinden war, die das lebten und untereinander weitergaben. Daß sich dort auch Ärger, Halbheiten und Verdruß leichter verkraften ließen, war nicht verwunderlich.
Die Partei (SED) hatte die Tendenz, keine unkontrollierten und von ihr nicht abgedeckten Bereiche zu dulden. Ihre Machtbesessenheit tobte sie überall aus, wo man ihr nicht eindeutig und klar widerstand und auch die Kraft dazu hatte. In ihrer Ideologie ließ sie nur Platz für sich selbst, Gott und den Glauben an ihn hielt sie für überflüssig, veraltet und für den modernen Menschen hinderlich. So gerieten die Christen schnell ins Abseits, wurden lächerlich gemacht. Ich habe eine beinahe unvorstellbare Überheblichkeit in Begegnungen und Diskussionen erlebt, die oft keine echten Auseinandersetzungen mehr entstehen ließ. Für die marxistisch Geschulten schloß sich ihre Argumentationskette, wenn sie ein Wort von Marx oder Lenin als letzten Beweis fanden. Sie waren angehalten, den anderen möglichst wenig zu Wort kommen zu lassen, ihn zu unterbrechen und durch lautstarke Einsprüche abzublocken. Das hielt mancher gebildete und sich an die guten Regeln haltende Gesprächspartner nicht lange aus. In dieser Auseinandersetzung hatte der Christ selten einen vorteilhaften Platz. Leichter hatte er es schon, wenn es ihm gelang, das falsche Gottesbild zu entschleiern und Raum und Aufmerksamkeit zu schaffen für die echte Gottesvorstellung. Gott ist eben nicht, wie die Marxisten es behaupten, ein Gott der herrschenden, ihre Macht brutal ausnutzenden Schichten einer schlimmen Vergangenheit. In der eigenen Bedrängnis und Kleinheit, die das tägliche Leben bereithielt, blieb nur Platz, diesen Gott als den Gekreuzigten, als den Ge-

demütigten zu erkennen und eben diesen Tod, den Tod des Erlösers, als Weg zur Befreiung anzunehmen. Das Wort vom Dienen bekam in unserer Verkündigung wieder seinen echten Klang, zumal in der erfahrbaren Realität dieses Staates und seiner Ideologie sich immer wieder Macht und Herrschaft mit Brutalität, Unterwerfung, Verletzung von Menschenrechten verbanden. Wir erfuhren, oft schmerzhaft zwar, daß Karriereverlust, Sperrung von Ansehen und materiellem Vermögen, zum Gewinn wurden. Hier liegen die versteckten Wurzeln, daß auch junge Christen zu einer Kraft heranwuchsen, die eine Wende erzwang und bis in die Schulen, politischen Ämter und öffentlichen Aufgaben sich durchsetzte. Glaubenstreue, menschliche Charakterstärke und ein unzerstörbares Vertrauen auf Gottes Hilfe haben einen Gorbatschow, haben die Wende möglich gemacht und diese so unblutig, ohne Zerstörung und Randale.
Es gab am Ende der 60er Jahre und in den 70er Jahren einen von der SED gesteuerten Versuch, die beiden Kirchen ins sozialistische System einzubinden. Man verzichtete bewußt auf jeden ideologischen Angriff gegen die Kirchen in der Presse, verringerte ihn auch in den sogenannten Schulungsheften. Selbst wo sich offenkundige Schwächen in den Kirchen zeigten, verschwieg man sie. Noch in den späten 70er Jahren empfanden wir es als spürbaren und oft beklagten Zustand, ohne Medien zu sein, über die wir in die Öffentlichkeit hätten sprechen können, aber wir hatten ebenso auch keine Medien, die öffentlich gegen uns waren. Ich erinnere mich daran, wie selbst ein schweres Verbrechen, das von einem kirchlichen Mitarbeiter begangen wurde, nur mit einer kurzen Mitteilung in den Zeitungen erschien. Wie eine Boulevardpresse, die solche Dinge begierig aufgreift, damit umgeht, habe ich erst im Westen Deutschlands erlebt. Das war keine Tugend, sondern Taktik, die aber dem

Sozialismus auch nicht half, in unsere Kirche einzudringen, wie es ihm etwa in der Tschechoslowakei gelungen war.

Für uns war Kirche mehr als eine Institution, an der man seinen Ärger ausließ, für uns war sie ein für alle erreichbarer Raum menschlicher Nähe und Solidarität. Gelegentlich gab es auch – wen wundert das? – innerkirchliche Kritik, was Solidarität bedeute und wieweit sie gehen dürfe und müsse, es gab auch in der Kirche und bei ihren Kritikern Verwerfungen, da man einerseits nicht die Grenze sah, wo man nicht mehr mitmachen konnte, andererseits aber auch sehr ängstlich war, dieser drängenden Welt mit ihren vielen Fragen einen größeren Raum zu überlassen. Zeitweise waren wir wie im Westen Deutschlands zerstritten zwischen „Konservativen" und „Progressiven". Das drang bis in die Gemeinden vor, blieb aber im ganzen nur wie eine Erkältung, die mit guter Medizin – Gebet, natürlichen Tugenden – bald behoben werden konnte.

Eine Gefahr, die viele von uns schon bald erkannten und auch bewußt in Kauf nahmen, war die Tatsache, daß das sozialistische System unser Fachkönnen, den Ernst und die Aufrichtigkeit unserer Arbeit mit Beschlag belegte. Oft wurden wir als „Bausteine der Gesellschaft" gepriesen und so mißbraucht. Daß es uns gebe in dieser Gesellschaft, sei schon ein Beweis ihrer „Toleranz". Wenn Genehmigungen für Importe, Bauten erteilt wurden, war das für sie eine von den Tatsachen, auf die gerade die Gegner des Systems (im Westen) schauen sollten. Was in der übrigen (demokratischen) Welt als Recht eingefordert werden konnte, war hier eine besondere „Leistung" des Systems.

Es ist nicht zu bestreiten, daß die mehrfache Aufforderung der Bischöfe an ihre Gemeinden, im Lande zu bleiben und nicht in den Westen zu gehen, auch eine Hilfe

für das System war. Wir Bischöfe haben leider in den Jahrzehnten unter dem roten Stern die Abwanderung nicht entscheidend verhindern können. Ein Potential an guten und widerstandsfähigen Leuten ging uns verloren, das für den Widerstand selbst wie für den kommenden Wiederaufbau nicht mehr zur Verfügung stand. Aber was wogen unsere Mahnungen gegen die großen Sorgen, da es den Eltern um die Kinder und um deren schulische und berufliche Zukunft ging? Wer die Engstirnigkeit des sozialistischen Bildungssystems in der Person von Margot Honecker mit ihrer verbissenen Art, allen „sozialistischen Fortschritt" durchzusetzen, wer das Unrechtssystem einer Hilde Benjamin im gesamten Bereich der Justiz erlebte, hatte nur wenig Hoffnung. Die Skeptiker haben recht behalten, da die Trümmer in beiden Bereichen nur mühsam wegzuräumen sind und der Neuaufbau nur schwer in Gang kommt.
Das Leben in und mit der christlichen Gemeinde rettete Kultur, schuf sie gelegentlich auch neu. So haben wir Christen nicht darüber zu klagen, alle diese Jahre in der Dürre und Öde des Sozialismus seien „verlorene Jahre" gewesen. Mancher kann sicher nicht nachholen, was ihm dieses System in seiner Verweigerung von Schule, Universität und Beruf angetan hat. Doch wir Christen haben zu keiner Zeit vergessen, daß dieses Leben nicht alles ist und Vergeltung mehr ist als Rache, daß Gott als Richter das letzte Wort zu sagen hat.
In den Parteiversammlungen, in den Schulungen an Universitäten und in den Betrieben wurden die Parole eines Mannes wie Albert Norden, Chefpropagandist der Partei, oft wiederholt, die Kirche werde sterben, wenn sich die Lehre von Marx und Engels durchsetze. Und wer könne das verhindern, da alle Macht, die ganze Wahrheit bei der SED lägen? So wurde ab 1959/60 verstärkt für die Jugendweihe geworben, was schon bald in Nötigung um-

schlug. Zulassungen für die Erweiterte Oberschule (EOS) mit Abitur, für das Studium an einer Hochschule machte man von der Teilnahme an der Jugendweihe abhängig. Wir Bischöfe haben oft gegen diese Praxis protestiert, oft bei guten bis sehr guten Leistungen von Absolventen der 10. Klasse (OS) auch Ausnahmen erreicht, aber im ganzen wurde hart gegen die „Ungeweihten", wie sie der Volksmund nannte, vorgegangen. Ich habe sehr unter diesem Zustand gelitten, da es bei diesen Jugendlichen in der Regel um religiös eifrige und kirchentreue junge Menschen ging. Die Eltern mußten tapfer sein, diesen pseudoreligiösen Akt abzulehnen, denn auch sie wurden oft im Betrieb unter Druck gesetzt oder mußten befürchten, erhebliche Nachteile auch für die nachfolgenden Kinder sich einzuhandeln, besonders wenn diese Kinder schulische Probleme hatten. „Sie haben gut reden, Herr Bischof", sagte mir eine Mutter, „unser Max hat schon ohne die Jugendweihe seine Not durchzukommen!"

Die SED hat die Teilnahme an der Jugendweihe stets an die 100 % herangebracht und damit eine ähnliche Lüge konserviert wie bei den berüchtigten „Wahlen", deren Wahlbeteiligung stets bei 98-99 % lag. Die Zahl derer, die widerstanden, war mit Sicherheit höher, als ständig angegeben wurde, auch wenn selbst nach der Wende und dem Wegfall des Zwanges noch zu viele an dieser Zeremonie teilnahmen. Manche der christlichen Jugendlichen haben sich ihren „aufrechten Gang" bewahrt, alle Nötigungen, Drohungen, Ausgrenzungen in den Klassen durch Lehrer und Funktionäre der FDJ durchgestanden. Eltern, Priester, Katecheten haben unter schweren Gewissensnöten Entscheidungen mitgetragen, die das Leben und die Zukunft der Jugendlichen betrafen. Wer da Vorwürfe macht, sollte bedenken, daß es gerade die Angst war, die viele zu Entschlüssen nötigte, die sie nie mehr im

Gewissen ruhig sein ließen. Wer hat noch 1988 daran gedacht, daß das Ende dieses quälenden Zustandes bald kommen werde? Wir Katholiken sind durch dieses Bildungssystem so konsequent von vielen Bildungsmöglichkeiten ausgeschlossen worden, daß am Ende der DDR uns jene Menschen fehlten, die Verantwortung in Politik, Bildung und Wirtschaft übernehmen konnten.
Es war aber nicht nur diese Entwicklung, die uns in vielen Bereichen matt setzte, sondern auch das Bewußtsein der DDR-Bürger, immer im Rückstand zum Westen, zur Bundesrepublik, zu bleiben. Der „Westen" mit seinem materiellen Wohlstand, seinem Bildungsniveau, seiner Freiheit „nach allen Seiten" wurde zur Faszination. Wer es konnte, schaltete den Westfunk ein, hörte und sah, was ihm von dort geboten wurde. Die Frauen kopierten westliche Mode, die Jugend spielte und tanzte die westlichen Rhythmen. Man wollte nicht Deutsche zweiter Klasse sein. Die ersten Unruhen unter den Menschen wurden laut, aber immer wieder durch Drohgebärden der SED-Macht unterdrückt. Gleichzeitig erlebte der DDR-Bürger, daß die Bundesrepublik und ihre Bürger den anderen „da drüben" kaum noch zur Kenntnis nahmen, auch wenn der „Westbesuch" und die „Westpakete" noch sehr willkommen waren und ein gewisser Prestigegewinn vor den Augen der anderen blieb. Selbst die Feiern zur Jugendweihe hatten Onkel und Tante „aus dem Westen" zu Gast.
Die Wende 1989 kam für alle so unerwartet, daß niemand darauf vorbereitet war. Der DDR-Durchschnittsbürger war durch die Geschichtstaubheit seiner Regierungsclique nicht über das knappe Tagesgeschehen hinausgewachsen. Es gab im sozialistischen Geschichtsbild keine DDR-Verantwortung für die Zeit des Nazismus (1933-1945), keine größere, gar christliche Vergangenheit. Selbst für die vielen steinernen Zeugen dieser Zeit

war man blind geworden. Alles begann mit dem Entstehen der DDR (1949) als dem „ersten sozialistischen Staat auf deutschem Boden". So wenig es Vergangenheit gab, so wenig gab es Zukunft. So blieb ein Land der Illusionen, das von Verfall und Rückstand in fast allen Bereichen der DDR geprägt war. Wer als Besucher aus dem Westen zurückkam, blieb fassungslos und irritiert.
Die Begriffe von Schuld und Sühne waren verkümmert, die Automatik des dialektischen Materialismus schaltete oft das vernünftige Denken und Abwägen aus und hat wie Unkraut die gute Saat erstickt.
Auf dem Katholikentreffen 1989 in Dresden wurde das „dienende Zeugnis, die Kirche des kleinen Weges, der Karriere nach unten" (Rahner), ins Bewußtsein gerückt. Der Berliner Bischof Joachim Meisner verlangte den „Abriß der Mauer zwischen Kirche und Welt", den „Stern von Bethlehem an die Stelle des roten Sternes" zu setzen und eine „Kirche für das Ganze" anzustreben. Der „konziliare Prozeß für Frieden, Gerechtigkeit und Bewahrung der Schöpfung" sollte der neue Weg für die DDR-Christen werden. Das Papier „Mehr Gerechtigkeit in der DDR", meine Aufrufe im September/Oktober 1989 – vor der Wende – gegen die Vorherrschaft der SED haben zur Umkehr aufgefordert.
„Leben und Arbeit in den Gemeinden" war mein Versuch, ins Zentrum kirchlichen Lebens in den vier Jahrzehnten des Sozialismus vorzudringen und nicht bei Klagen, einseitigen Stasi-Betrachtungen steckenzubleiben, sondern einen wesentlichen Teil katholischer Durchhaltekraft und betonter Aufbauarbeit in anscheinend aussichtsloser Situation zu beschreiben.

Erzbischof Lorenz Jaeger, Paderborn, im Norbertuswerk in Magdeburg 1953
Der Neubau im NW wird gerichtet 1953

Arbeit im Garten des NW 1953

Im Garten des NW 1953

Deutsch-Unterricht im NW 1954 (StRätin Sternemann)

Wallfahrt des NW zur Huysburg 1954

Nuntius A. Münch, Bonn, Bischof Weskamm, Berlin, Weihbischof Rintelen, Magdeburg, im NW 1955

Patronatsfest St. Norbert (6. 6.) im NW 1955

Der zweite Neubau im NW 1956

Der erste Abiturkurs im NW 1956

DDR-Bischöfe zur Einweihung des Neubaus im NW 1957

Der zweite Jahrgang als Priester zu Besuch im NW 1962

Der Rektor des NW vor dem Unterricht 1969

Firmung in Weißenfels 1971

Dekanatsklerus in Weißenfels (Dekanat Naumburg) 1971
Eröffnungsmesse des neu errichteten Benediktinerkonventes auf der Huysburg 14. 9. 1972

Pastoralsynode in Dresden 1973

Kinderwallfahrt zur Huysburg 1973

Führung durch die Burg Querfurt mit polnischen Bischöfen 1975

Palmprozession auf der Huysburg 1975

Priesterweihe in St. Sebastian, Magdeburg 1976

Jugendwallfahrt zur Huysburg 1976

1000-Jahr-Feier in Adersleben 1978

Nach der Kirchenkonsekration in Aschersleben 1979

900-Jahr-Jubiläum des hl. Norbert, Patrons von Magdeburg, in Magdeburg, Herrenkrug 1980

750-Jahr-Feier der hl. Elisabeth, Erfurt 1981

Kardinal König, Wien, in St. Petri in Magdeburg 1982

Kardinal Willebrands, Rom, in Wittenberg 1983

900-Jahr-Feier des Klosters Huysburg 1984

Kirchenkonsekration in St. Mechthild, Magdeburg 1984

Neue Propstei in Magdeburg 1984

Kirchenkonsekration in St. Andreas, Halberstadt 1985

III.
Was finden wir vor?

Im ersten Band unserer Magdeburg-Reihe „Kirche – gestern und heute zwischen Elbe und Saale, Börde und Bode" (Benno-Verlag, Leipzig 1984/89) habe ich in einem Artikel „Erhaltenes Erbe. Von bedeutsamen Pfarr- und Klosterkirchen" (S. 46-60) und in einer kurzen Darstellung vom Werden des Bischöflichen Amtes Magdeburg (S. 192-199) von den drei Generationen und ihren Kirchen gesprochen.
Die „Kirchen der ersten Generation" beginnen mit der Gründung des Erzbistums Magdeburg (968) und dauern bis zum Untergang des Erzbistums (1571) in der Reformation. Aus dieser Zeit sind uns erhalten geblieben bzw. zurückgegeben worden:

im Dekanat Magdeburg
St. Sebastian in Magdeburg
St. Petri in Magdeburg
St. Peter und Paul in Groß-Ammensleben
St. Johannes Baptist in Alt-Haldensleben
St. Anna in Glüsig

im Dekanat Bernburg
St. Johannes Baptist in Bernburg-Talstadt
Hl. Kreuz in Aschersleben

im Dekanat Burg
St. Peter und Paul in Ziesar

im Dekanat Dessau
St. Marien in Köthen

im Dekanat Egeln
St. Marien in Egeln

im Dekanat Eisleben

die Konradsburg bei Ermsleben

im Dekanat Halberstadt

St. Nikolaus in Adersleben
St. Peter und Paul in Badersleben
St. Andreas OFM in Halberstadt
St. Katharina und Barbara in Halberstadt
Mariä Himmelfahrt auf der Huysburg b. Halberstadt
St. Wiperti in Quedlinburg
Hl. Altarssakrament in Schwanebeck

im Dekanat Halle

St. Mauritius und Paulus in Halle

im Dekanat Naumburg

St. Peter und Paul, Domkirche in Zeitz

im Dekanat Oschersleben

St. Peter und Paul in Hadmersleben
St. Pankratius in Hamersleben
St. Andreas in Meyendorf

im Dekanat Stendal

St. Laurentius in Salzwedel
St. Anna in Stendal

Im Dekanat Magdeburg

St. Sebastian, Bischofskirche in Magdeburg, wurde kurz nach 1000, vermutlich 1015, gegründet als Stiftskirche des Kollegiatstiftes zum hl. Sebastian, 1169 geweiht und war bis 1568 katholisch, dann protestantisch, von 1756-1878 profaniert und von 1878 an katholische Pfarrkirche, ab 1949 Bischofskirche.

An künstlerischem Inventar sind vorhanden: eine Sebastiansfigur von Fr. Schötschel, die Kanzel von G. Schreiter,

Wandbehänge von Chr. Leweke, der Kreuzweg von G. Leweke-Weyde, zwei spätgotische Flügelaltäre aus dem 15. Jh. Von 1979 bis 1982 schufen die Gebrüder Winkelmann aus Günne/Möhnesee 16 Schnitztafeln am Chorgestühl, 1985 die Tabernakelstele und die Apostelleuchter. Eine neue Kirchenbeleuchtung, eine neue Monstranz, Altar und Buntfenster im Chor und Seitenschiff schlossen die Innen- und Außenrenovierungen von 1990 bis 1992 ab.

St. Petri in Magdeburg ist eine romanische Kirche des 12. Jh., wurde um 1400 in eine gotische Hallenkirche umgebaut. 1945 wurde sie durch Bomben stark beschädigt, von uns übernommen und nach alten Plänen mit quergestellten Giebeln aufgebaut und 1972 konsekriert. Eine flache Decke wurde statt der Gewölbe eingezogen, eine frei stehende Altar- und Tabernakelanlage von Apel, neue Buntfenster von Karl Crodel geschaffen. Ein neues Pfarrhaus wurde bis 1979 gebaut, und Gemeinderäume wurden im Westturm eingerichtet.

St. Peter und Paul in Groß-Ammensleben wurde von Erzbischof Norbert 1129 in ein Benediktinerkloster umgewandelt, seit 1614 wurde die Kirche simultan genutzt, mehrfach umgebaut, 1804 als Kloster aufgehoben und von der katholischen Pfarrei übernommen. Sie besitzt eine gute mittelalterliche Ausstattung.

St. Johannes Baptist in Alt-Haldensleben war bis 1810 ein Kloster der Zisterzienserinnen. An der Stelle der alten Klosterkirche wurde 1830 eine Simultankirche errichtet, in deren westlichen Teil die katholische Gemeinde einzog.

St. Anna, Wallfahrtskirche in Glüsig bei Haldensleben, ist im Ursprung romanisch, wurde 1934 erneuert und wird bis heute als Wallfahrtskirche des Dekanates benutzt.

Im Dekanat Bernburg

St. Johannes Baptist / St. Nikolai in Bernburg-Talstadt, gebaut 1240-1300, restauriert und als Pfarrkirche 1976 übernommen.

Die Franziskanerkirche Hl. Kreuz in Aschersleben ist ein frühgotischer Bruchsteinbau aus dem 14. Jh. Generalrestaurierung, von der reformierten Gemeinde übernommen und am 14. 10. 1979 konsekriert.

Im Dekanat Burg

St. Peter und Paul in Ziesar. In der alten Burganlage wird die spätgotische Burgkapelle von uns genutzt. Erbaut wurde sie um 1400.

Im Dekanat Dessau

St. Marien in Köthen wurde von 1826-1832 von Gottfried Bandhauer auf Geheiß des in Rom 1852 zum Katholizismus konvertierten Fürsten von Anhalt-Köthen im klassizistischen Stil gebaut.

Im Dekanat Egeln

St. Marien in Egeln wurde von 1732-1734 als Klosterkirche der Zisterzienserinnen gebaut und besitzt eine prunkvolle, gut restaurierte Ausstattung, so den Haupt- und zwei Nebenaltäre, Marienfiguren, Pieta, Kruzifix (14./15. Jh.).

Im Dekanat Eisleben

Die Konradsburg bei Ermsleben. Zwischen 1120 und 1133 wurde ein Benediktinerkloster auf der Konradsburg gegründet, das am Ende des Bauernkrieges aufgegeben wurde. In der dreischiffigen Hallenkrypta hielt die katholische Pfarrgemeinde zu Aschersleben seit 1952 regelmäßige Gottesdienste. Der Pachtvertrag wurde 1967 nicht erneuert.

Im Dekanat Halberstadt

St. Nikolaus in Adersleben wurde als Zisterzienserinnenkloster 1266 gegründet, die Kirche 1751 neu gebaut, 1809 aufgehoben, die Kirche zur Pfarrkirche. Gute barocke Ausstattung.

St. Peter und Paul in Badersleben wurde als Klosterkirche der Augustinerinnen um 1500 im spätgotischen Stil gebaut, 1810 aufgehoben und als Pfarrkirche weiter erhalten. Spätgotische Pieta.

St. Gertrud in Hedersleben war von 1262 bis zur Aufhebung 1810 eine Abtei der Zisterzienserinnen. Die Abteikirche war zugleich Pfarrkirche. 1713 übernahm die evangelische Gemeinde die zum großen Teil aus Abteimitteln erbaute evangelische Kirche. Harter Kampf der katholischen Gemeinde um ihre Existenz. 1824 wurde die Kirche wegen Baufälligkeit geschlossen, 1840 die Pfarrei in Hedersleben neu errichtet.

Franziskanerkirche St. Andreas in Halberstadt. Das Kloster entstand bereits 1226, drei Jahre nach dem Tod des Ordensgründers, des hl. Franziskus, um 1300 wurde die Kirche gebaut, die 1945 bis auf die Umfassungsmauern ausbrannte. Der Chor wurde bis 1953 aufgebaut mit Fenstern von K. Crodel, der gesamte Kirchenraum entstand ab 1983 neu und wurde am 6. 10. 1985 konsekriert. Ein neuer Altar mit dem Schrein des hl. Burchard wurde aufgestellt und das Burchardifenster durch Losert gestaltet. Wertvolle mittelalterliche Inventarien sind vorhanden.

St. Katharina und Barbara in Halberstadt wurde als Dominikanerkirche um 1230 geweiht, 1810 aufgehoben und Pfarrkirche, 1920 den Karmelitinnen übereignet. Kostbares Inventar, besonders der Hochaltar. Die Schwestern führen ein Kinderheim, seit 1985 gibt es dort das zentrale Kolpingbildungshaus.

Die Klosterkirche Mariä Himmelfahrt auf der Huysburg wurde 1084 als Benediktinerkloster gegründet, die Kirche 1121 konsekriert, ein hochromanischer Bau, doppeltürmig, mit barocker Ausstattung, Deckenmalereien von 1729, Orgel (1767/1984). Im alten Konventsgebäude war von 1952 – 1992 das Priesterseminar des Bischöflichen Amtes Magdeburg untergebracht. Ein Teil der Klostergebäude wurde 1820 nach der Säkularisierung vom preußischen König dem General v. d. Knesebeck geschenkt, 1825 das Abtshaus abgerissen und nach Röderhof versetzt. Seit 1972 gibt es wieder einen Konvent in den alten, total restaurierten Gebäuden mit z. Zt. zehn bis zwölf Mönchen. Seit 1. 6. 1992 ist der gesamte Komplex aus staatlichem Besitz (Bibliothek, Kreispflegeheim) wieder Eigentum der Kirche (BAM).

St. Wiperti in Quedlinburg war die Stiftskirche des Kanonikerkonventes St. Wigbert und Jakobus, die 936 vom Burgberg ins Tal an die heutige Stelle verlegt worden ist. Bald entstand die kreuzförmige Basilika, um 1020 kam der Einbau der Krypta dazu, 1148 wurde das Kanonikerstift in ein Prämonstratenserkloster umgewandelt. Im 13. Jh. wurde die Kirche umgebaut und erweitert. Seit Mitte des 16. Jh. war sie ev. Stadtkirche, seit 1812 Scheune. 1953-56 wurde die Kirche wiederhergestellt und von uns übernommen.

Hl. Altarssakrament in Schwanebeck wurde 1334 erbaut, 1810 profaniert, 1898 von der Pfarrgemeinde Huysburg zurückgekauft. Die tausendjährige Linde neben der Kirche hängt mit der alten Legende vom Hostienfrevel zusammen.

Im Dekanat Halle

St. Mauritius und Paulus in Halle. Unsere katholische St.-Paulus-Gemeinde pachtete 1970 von der ev. Moritzgemeinde für 99 Jahre die Moritzkirche. Sie wurde als Pfarrkirche 1156 gebaut, war dann ab 1184 Augustiner-Chorherrenstift, von 1520-1542 Klosterkirche der Dominikaner, ev. Pfarrkirche. Konrad von Einbeck baute ab 1388 die jetzige Hallenkirche. Berühmt sind seine Skulpturen (Schmerzensmutter, Christus an der Geißelsäule, der „Schellenmauritius"), ein gotischer Flügelaltar, eine Kanzel von 1592.

Im Dekanat Naumburg

St. Peter und Paul, Dom in Zeitz. 1946 pachtete die katholische Pfarrgemeinde den Dom des ehemaligen Bistums Naumburg-Zeitz. 1982 stürzte das Gewölbe ein und machte die Nutzung unmöglich. Nach der Wende wurde die Verlängerung der Pacht angeboten. Im 11. Jh. erbaut, im 15. Jh. spätgotisch erneuert, ist eine Grundsanierung erforderlich.

Im Dekanat Stendal

St. Laurentius in Salzwedel wurde im 13. Jh. erbaut, im 14. Jh. spätgotisch umgebaut. Ab 1692 wurde sie als Salzlager benutzt, was erhebliche und dauernde Schäden bewirkte. 1859 wurde sie restauriert und von der katholischen Gemeinde übernommen.

St. Anna in Stendal wurde als Franziskanerkloster im 15. Jh. gegründet, 1540 protestantisch, 1784 als Garnisonskirche genutzt und ab 1808 katholische Pfarrkirche. Nach dem Brand von 1972 wurde sie völlig wiederhergestellt. Zum Inventar gehört ein Schnitzaltar von 1440 und eine Anna Selbdritt.

Im Dekanat Oschersleben

St. Peter und Paul in Hadmersleben wurde im Jahre 961 als Benediktinerinnenkloster gegründet, das alle Verfolgungen und Bedrängnisse bis zur Aufhebung 1809 überstand. Die Kirche wurde neu gebaut und 1201 geweiht. Gute Ausstattung aus gotischer Zeit ist vorhanden.

St. Pankratius in Hamersleben wurde als Augustiner-Chorherrenstift 1107-09 gegründet, Anfang des 12. Jh. wurde mit dem Bau der berühmten Stiftskirche begonnen. Sie überstand die Reformation, Plünderungen und Zerstörungen bis zur Aufhebung 1804. Im Hirsauer Baustil errichtet, gilt sie als der „edelste hochromanische Bau im mittleren Deutschland“ (Dehio).

St. Andreas in Meyendorf wurde 1267 als Zisterzienserinnenkloster gegründet. Die Schwestern widerstanden der Reformation und blieben bis zur Aufhebung 1810 im Kloster. Die Kirche wurde 1720 barock neu gebaut und hat eine gute barocke Innenausstattung, aus der alten Kirche einen hochklassigen mittelalterlichen Schnitzaltar.

Zu den „Kirchen der zweiten Generation“ gehören alle jene Kirchen, die im Laufe des 19. und 20. Jahrhunderts bis zum Beginn des zweiten Weltkrieges (1939-1945) Mittelpunkte des neuen katholischen Lebens in unserer Diaspora geworden sind. Sie verdanken ihr Entstehen in der Regel der beginnenden Industrialisierung und dem damit verbundenen Zuzug von Arbeitern aus den katholischen Gebieten des Eichsfeldes, Westfalens und Schlesiens. Sie haben über ein Jahrhundert hin entscheidend dazu beigetragen, daß sich das katholische Leben an den Hauptorten und in den umliegenden Ortschaften neu entfalten konnte. Oft wurde ausgegangen vom Bau einer ein- oder mehrklassigen katholischen Schule, der eine Lehrerwohnung beigegeben war. Sie erweiterte sich dann durch einen kleinen Gottesdienstraum und bekam einen eigenen Seelsorger. An den größeren Orten wurden die Kirchen häufig vom damaligen Bonifatiusverein in neugotischem Stil nach dem Entwurf des Paderborner Baumeisters Güldenpfennig gebaut. Wir finden sie in unseren großen und mittleren Städten noch heute. Auch sie hatten eine ein- oder mehrklassige katholische Schule und an einigen Orten zusätzlich ein Vereinshaus erhalten.

Zu ihnen gehören:

im Dekanat Magdeburg

M.-Neustadt	(1858)
M.-Sudenburg	(1860)
M.-Ottersleben	(1867)
M.-Buckau	(1868)
M.-Südost	(1901)
M.-Marienstift	(1906)
Schönebeck	(1872)
Weferlingen	(1912)
Haldensleben 1	(1926)
Wolmirstedt	(1869)
Eichenbarleben	(1945)

im Dekanat Bernburg

Aschersleben	(1808)

Calbe/S.	(1859)
Bernburg	(1859)
Alsleben	(1861)
Güsten	(1894)
Sandersleben	(1906)
Ilberstedt	(1919)

im Dekanat Burg

Burg	(1808)
Genthin	(1896)
Gommern	(1897)
Loburg	(1906)
Kirchmöser	(1929)

im Dekanat Dessau

Dessau, Propstei	(1716/1830)
Zerbst	(1773/1858)
Köthen	(1833)
Coswig	(1905)
Görzig	(1931)
Roßlau	(1937)
Raguhn	(1940)
Aken	(1946)
Osternienburg	(1908/1973)

im Dekanat Egeln

Bahrendorf	(1867)
Staßfurt	(1868)
Wolmirsleben	(1871)
Langenweddingen	(1926)
Westeregeln	(1929)
Hecklingen	(1904)

im Dekanat Eisleben

Eisleben	(1858)
Gerbstedt	(1875)
Sangerhausen	(1864)
Helbra	(1884)

Klostermansfeld	(1890)
Röblingen a. S.	(1892)
Hergisdorf	(1902)
Artern	(1904)
Querfurt	(1907)
Osterhausen	(1948)
Hettstedt	(1890)

im Dekanat Halberstadt

Wernigerode	(1796/1895)
Blankenburg	(1710/1905)
Quedlinburg	(1848)
Osterwieck	(1887)
Thale	(1899)
Gröningen	(1900)
Schwanebeck	(1924)
Ballenstedt	(1926)
Ilsenburg	(1945)
Hasselfelde	(1946)

im Dekanat Halle

Halle, Propstei	(1808)
Merseburg	(1860)
Zappendorf	(1865)
Lützen	(1866)
Halle, St. Norbert	(1891)
Schkeuditz	(1907)
Leuna	(1922)
Neumark	(1926)
Halle, Dreieinigk.	(1930)
Bad Dürrenberg	(1931/1981)

im Dekanat Naumburg

Naumburg	(1855)
Zeitz	(1863)
Weißenfels	(1863/1914)

Zipsendorf	(1907)
Tröglitz	(1850)
im Dekanat Oschersleben	
Oschersleben	(1858)
Hötensleben	(1865)
Wanzleben	(1866)
Groß-Alsleben	(1872)
Völpke	(1906)
Eilsleben	(1897/1902)
Klein-Oschersleben	(1900)
im Dekanat Stendal	
Stendal	(1784/1811)
Salzwedel	(1852)
Gardelegen	(1861)
Tangermünde	(1897)
Oebisfelde	(1903)
Beetzendorf	(1911)
Osterburg	(1917)
Seehausen	(1937)
Arendsee	(1946)
Tangerhütte	(1946)
Kalbe/Milde	(1946)
Bismark	(1956)
Klötze	(1930)
im Dekanat Torgau	
Torgau	(1850)
Eilenburg	(1852)
Bad Liebenwerda	(1873)
Annaburg	(1893)
Lauchhammer	(1911)
Elsterwerda	(1907)
Falkenberg	(1925)

im Dekanat Wittenberg

Wittenberg	(1858)
Delitzsch	(1858)
Bitterfeld	(1894)
Greppin	(1905)
Sandersdorf	(1905)
Zörbig	(1907)
Zahna	(1911)
Zschornewitz	(1920)
Holzweißig	(1919)
W.-Piesteritz	(1923)
Bad Düben	(1945)
Kemberg	(1945)
Gräfenhainichen	(1955)
Wolfen	

Das ist ein kurzer und gestraffter Überblick über die Kirchen und Gemeinden der sogenannten „zweiten Generation". Um sie gruppierte sich das Leben bis zum Ende des zweiten Weltkrieges. Dann wurden alle diese Gemeinden fast ohne Ausnahme Anlaufstellen für eine große Zahl von Vertriebenen. Ein Teil von ihnen brachte eine lange katholische Tradition mit, die sich in Liedern, Gebeten, in der Gestaltung von Gottesdiensten und zum Teil im Erhalt ihres Brauchtums bis in die Gegenwart erhielt.
Nach der Umsiedlung kam die Bevölkerung nur langsam zur Ruhe. Für viele ging die Flucht weiter mit dem Ziel Bundesrepublik. Bis zum Bau der Mauer in Berlin und der Befestigung der Grenze zur Bundesrepublik (1961) sind 3,5 Millionen aus der DDR geflohen, darunter etwa 1-1,5 Millionen Katholiken. Diesen Aderlaß hat die Kirche nie verkraftet. Ihr Minderheitsstatus gegenüber den evangelischen Kirchen hat sich stark verfestigt, aber auch im Widerstand gegen die wachsende atheistisch-sozialistische Propaganda und Praxis wurde sie aufs äußerste geschwächt.

Selbst in dieser Periode bis 1989/90 wurden viele Versuche unternommen, das Vorhandene zu erhalten, neue Zentren zu schaffen und über eine ungewisse Zukunft hinaus sich positiv auszurichten.

So entstanden Kirchen und Gemeindezentren in:

Roßleben	(1976)
Magdeburg, St. Mechthild	(1982-84)
Magdeburg, St. Adalbert	(1983-85)
Magdeburg, St. Josef	(1986-91)
Halle, St. Marien	(1982-84)
Halle, Propstei	(1981)
Hettstedt, St. Marien	(1986/87)
Quedlinburg	(1987)
Halberstadt, St. Andreas	(1981-85)

Neue Pfarrhäuser entstanden in Magdeburg (5), Annaburg, Aschersleben (2), Blankenburg, Elbingerode, Genthin, Halle, Haldensleben 1, Helbra, Hohenmölsen, Ilsenburg, Quedlinburg, Sangerhausen, Steckelsdorf.

Altersheime wurden gebaut zwei in Magdeburg (1976/87), in Delitzsch (1987), das Seelsorgehelferinnen-Seminar in Magdeburg (1976), das Norbertuswerk in Magdeburg (1954-1969), das Schwesternhaus im Elisabeth-Krankenhaus in Halle (1976), die Erweiterung der Bosse-Klinik in Wittenberg (1981), das Kolpinghaus in Halberstadt (1983-85), das Zentrum in Quellendorf (1983) und das Bildungshaus in Zwochau (1986). An großen Rekonstruktionen wurden durchgeführt die Sebastianskirche in Magdeburg (1979-1990), die Marktkirche in Aschersleben (1978-1980), die Moritzkirche in Halle (1976-1980) und andere.

Kirche hat viele steinerne Zeugen einer langen Vergangenheit, die aber nicht nur Zeugen des Überlebens sind. sondern auch Kräfte in sich haben, die für eine gute und fruchtbare Zukunft tauglich sind.

IV.

Verlorene Mitte

Die Auseinandersetzung der Kirche mit dem sozialistischen System

Da es vom Ansatz her ganz unterschiedliche Vorstellungen und Erklärungen zu allen Fragen des menschlichen Lebens und Verhaltens gab, war gleich zu Beginn der Auseinandersetzung der Kirche mit dem Marxismus-Leninismus (ML) eine große Spannung, in der Regel ein unauflösbarer Widerspruch, vorprogrammiert.

Bischof Dr. Spülbeck, Meißen, hat in den 50er Jahren das Bild gebraucht, wir Christen bezögen in der DDR ein Haus, das wir nicht gebaut hätten und in dem wir uns auch nicht wohl fühlten, aber in dem wir leben müßten, zu eng, mit wenig Licht und in der ständigen Erwartung, umziehen zu müssen.

In diesem Kapitel will ich mich auf die zentralen Ansichten des ML beschränken, die diesen scharfen und meist auch offensichtlichen Gegensatz zur katholischen Einstellung darlegen.

Das Bild von der Welt war maßgeblich von der materialistischen Sicht der Welt nach dem Entwurf des antiken Materialismus geprägt (s. Volk und Kirche in der Dämmerung, Leipzig 1992, S. 258-262) und durch Marx mit Aufnahme der Hegelschen Dialektik (a. a. O., S. 118f., 269f.) in die moderne Auseinandersetzung gebracht worden. Das Weltbild des ML reduzierte sich auf den Menschen, der „zwar seinem biologischen Ursprung nach ein Naturwesen, seiner qualitativen Bestimmtheit nach aber ein gesellschaftliches Wesen [ist], das sich durch seine

Tätigkeit selbst hervorbringt und verändert" (Marxistische Philosophie, Berlin 1967, S. 20). „Das grundlegende Verhältnis des Menschen zur Welt, aus dem alle anderen Verhaltensweisen hervorgehen, ist das praktisch gegenständliche Verhältnis, welches sich in der entscheidenden und bestimmenden Form menschlicher Tätigkeit entfaltet, in der Arbeit ..."
„Die aus der Produktion [Arbeit] der Menschen hervorgehenden gesellschaftlichen Beziehungen bilden in ihrer Gesamtheit die Gesellschaft" (S. 22) „Darin, daß die marxistische Philosophie im Menschen das höchste Wesen und den höchsten Zweck für den Menschen sieht, drückt sich zugleich ihr humanistischer und ihr atheistischer Charakter aus" (S. 25).
In diesem Welt- und Menschenbild blieb kein Platz für einen persönlichen Gott, der als Schöpfer und Erhalter dieser Welt angenommen ist. In vielen Begegnungen mit Marxisten, so etwa den turnusgemäßen Besprechungen mit den Funktionären des Staates (der Bezirke, der zentralen Regierung in Berlin), kam es in der Regel zu reinen Deklamationen dieser unterschiedlichen Ansichten, in denen aber auf grundsätzliche Erörterungen von seiten des Staates (auf Anweisung hin) verzichtet wurde. Ich habe mich oft und bewußt auf meine christlichen Positionen berufen und meine Argumentation damit begründet. Von der anderen Seite wurde taktisch auf meine Position Rücksicht genommen und nie entschieden eine Gegenposition eingenommen. Die kommunalen Gesprächspartner begannen in der Regel mit Darlegungen, wie sie mir aus den SED-gesteuerten Zeitungen vertraut waren: Sie liefen alle auf dieser engen Spur und brachten nur selten eigene Gedanken, die auch in ihren eigenen Reihen nicht gefragt waren.
Nur wo es um praktische Konsequenzen ging, wurden die Begegnungen schärfer. So wurde stets auf meinen Ein-

wand, die Christen hätten weniger Chancen in diesem Staat, diese leicht belegbare Tatsache geleugnet oder herabgespielt. Nicht daß sie Christen seien, bringe sie in Schwierigkeiten, sondern daß diese „Bürger" gegen die Gesetze verstießen oder sich „provokativ" zurückhielten, schaffe solche Schwierigkeiten, die man aber möglichst unauffällig wieder in „Ordnung" bringen wolle. Sie verglichen gern die Schwierigkeiten, die sie etwa bei der Zulassung von Schülern sozialistischer Eltern zur Erweiterten Oberschule (EOS) hätten, wo die Zensuren nicht ausreichten, mit den Abweisungen der christlichen Schüler. Um die nach außen vorgetragene tolerante Haltung zu unterstreichen, gab der Staat gelegentlich bei der Zulassung christlicher Schüler meiner Forderung dort nach, wo sehr gute bis überragende Leistungen des Schülers vorlagen. Die Eltern waren zurückhaltender, wo das berufliche Fortkommen des Vaters in Frage stand oder nachfolgende Geschwister bei geringeren schulischen Leistungen unter Druck gerieten.

In einer solchen Begegnung ging es einmal um den viel strapazierten Begriff „Frieden". Ich behauptete, Frieden gebe es nur zwischen einzelnen, Gruppen und Staaten, wo es Vertrauen in den anderen gebe. Vertrauen also sei nur zwischen Personen möglich, nicht zwischen anonymen Mächten. Diese verlören ihre Anonymität nur, wo sie von Personen getragen seien. Da nach der christlichen Vorstellung Gott als Person der beste Garant für jede Art von Verantwortung sei und der gläubige Christ in jeder Situation auf Gott verpflichtet bleibe, sei eben dieser Christ auch der zuverlässigste Partner für jeden, der Frieden wolle. Nicht Ökonomie, nicht Theorie, sondern christlicher Glaube, christliches Leben seien auch für diesen Staat der beste Weg.

Von den zentralen Lehren des Christentums setzte man sich bewußt ab, und überzeugte Christen wurden auch

aus allen Berufen herausgehalten, die mit politischer Verantwortung zu tun hatten.
Einen von der SED versuchten Ausweg gab es in der Gründung und Aufgabenstellung für die Christlich-Demokratische Union (CDU), die am 26. 6. 1945 gegründet wurde als „demokratische Partei in der DDR, in der sich christliche Bürger evangelischen und katholischen Bekenntnisses sowie Angehörige freikirchlicher Gemeinschaften zur Mitarbeit an der Gestaltung einer dauerhaften Friedensordnung und am Aufbau des Sozialismus zusammengeschlossen haben ... Sie erkennt die Arbeiterklasse und ihre Partei als berufene Führerin des Volkes an. Die Herstellung einer vertrauensvollen Zusammenarbeit zwischen Marxisten und Christen im Ringen um den Frieden und das Wohl der Menschen und damit um die Festigung der politisch-moralischen Einheit des Volkes ist ein Hauptanliegen der CDU" (Parteistatut). Die CDU/CSU der Bundesrepublik blieb für die DDR die „Hauptpartei des Monopolkapitals der westdeutschen Bundesrepublik", der von der Ost-CDU wiederholt unter Druck der SED vorgehalten wurde, „den imperialistischen Mißbrauch des Christentums als unvereinbar mit dem christlichen Glauben" zu betreiben. Nach anfänglichen Protesten (Rücktritt der Vorsitzenden Jakob Kaiser und Ernst Lemmer) wurde 1952 die Führung der SED uneingeschränkt anerkannt. Die sog. Meißener Thesen von 1951 proklamierten einen „christlichen Realismus", der sich zwar vom Materialismus distanzierte, aber ein „fortschrittliches Christentum" unter Anerkennung der „Grundzüge der vom ML gegebenen ökonomischen Analyse" und Forderung einer „sozialistischen Erneuerung der Gesellschaft" erwartete.
Anfänglich gehörten auch Christen zu den Gründern der Ortsgruppen, aber schon in der ersten Phase traten viele Christen aus oder in den Hintergrund, als die Abhängig-

keit dieser CDU von der SED immer deutlicher wurde. Politisch hat diese Partei im Sinne von Christentum und Kirche nichts bewirkt, zumal die langjährigen Vorsitzenden Otto Nuschke und Gerald Götting sehr willfährig sich der SED-Führung anglichen. Im Gesamtbild trat sie durch die Tatsache, sich als „Blockpartei" in der „Nationalen Front" aus der Eigenverantwortlichkeit herauszuhalten, auch aus der politischen Wirklichkeit aus. So war z. B. auch für sie in den Kommunal- und Volkskammerwahlen jedes Ergebnis „anteilmäßig" festgelegt. Auf meinen Einwand, die festgeschriebenen Vorausergebnisse abzustellen, um so in echter und freier Entscheidung auch der „führenden Partei" der SED ein größeres Gewicht im Volk zu geben, kam die zynische Antwort, diese „freie Entscheidung des Volkes" sei längst und eindeutig gefallen und alle späteren Verlautbarungen seien nur eine erneute Bestätigung dieser Entscheidung.
Aber nicht nur in den grundsätzlichen Fragen gab es unüberbrückbare Gegensätze zum ML. Auch in den vielen Angelegenheiten des Lebens, des Umgangs der Menschen miteinander sah es ähnlich aus:
„Die weltanschauliche Erziehung der Menschen in der sozialistischen Gesellschaft ist ein entscheidendes Mittel, dem Menschen ein richtiges Selbstbewußtsein zu geben und sein Denken, Fühlen und Handeln in Einklang mit dem großen Werk der sozialistischen Umgestaltung der Welt zu bringen" (Marxistische Philosophie, a. a. O., S. 36). Da dieses Bewußtsein von den materiellen Verhältnissen (Arbeit, Produktion) bestimmt wird, sind auch alle Aussagen über ethische, moralische Fragen nur von ihnen aus zu beantworten. So wird der Begriff Wahrheit eingeschränkt auf die Übereinstimmung von Denken und materieller Wirklichkeit: „Das höchste Kriterium der Wahrheit ist die Praxis." Alle Wahrheiten sind relativ, da alles im Wandel bleibt. Eine absolute Wahrheit gibt es

nicht. Auch der moralische Anspruch auf Gut und Böse bleibt von den materiellen Verhältnissen, ihren Zuständen und Bedürfnissen abhängig. Eine ähnliche Deutung betraf den Begriff Gerechtigkeit, der von der Gleichheit der Menschen her erklärt wurde und „nur durch das gesellschaftliche Eigentum an den Produktionsmitteln gegeben ist“ (Politisches Wörterbuch, Berlin 1967, S. 224). Das sittliche Handeln wurde eingeschränkt auf jene Forderungen und Möglichkeiten, die aus dieser eingeengten, auf das materielle Ergebnis ausgerichteten Betrachtung sich ergaben. Eine deutliche Wirkung auf das Verhalten besonders der Jugend war zu erkennen und hat eine betont christliche Erziehung immer wichtiger gemacht. Da auch die Konsumhaltung des Westens die christlichen Grundwerte stark in Frage stellte und ihre Anziehungskraft über die Medien (Information, Werbung) ständig zunahm, wurde der Theorie des ML in den wichtigen Lebensfragen leicht nachgegeben.

Was war schon von einer Partei und ihren Gefolgsleuten zu erwarten, die nur wenige Kenntnisse hatten von Religion und Kirche? Für sie war das Christentum „ein Erzeugnis der antagonistischen Klassengesellschaft mit ihren Verhältnissen der Ausbeutung und Unterdrückung der Mehrheit durch eine Minderheit. Es entstand als Ausdruck des Protestes und zugleich der Ohnmacht der ausgebeuteten Volksmassen“ (Politisches Wörterbuch, a. a. O. Seite 551). Man war sich aber auch in Parteikreisen einig, daß es mit dem „gesetzmäßigen Aussterben“ von Religion und Kirche doch nicht so schnell ging, wie man es sich gewünscht hatte und wie es verkündet worden war. So nahm man sie zur Kenntnis und suchte gegen Ende der 70er Jahre durch einen verbindlicheren Ton und Verzicht auf starke Polemik die Spannungsfelder einzugrenzen.

Es lohnt sich, die ethischen Fragen und ihre Widersprüchlichkeiten zu den christlichen Aussagen besonders hervorzuheben, denn gerade in diesen Falschlehren liegen z. T. auch die entscheidenden Gründe für den Untergang der DDR:

„Daher ist vom Standpunkt der kommunistischen Moral das sittlich, was der Zerstörung der alten Ausbeutergesellschaft und dem Aufbau der neuen kommunistischen Gesellschaft dient. Alles, was diese Entwicklung hindert, ist unsittlich und unmoralisch" (Lenin, Die Aufgabe der Jugendverbände, Ausgew. Werke, Bd. II., S. 792, und Lenin, Ausgew. Werke, Bd. II, S. 790, Über kommunistische Moral, Berlin 1953, S. 21).

„In dem Sinne verneinen wir die Moral, ... wie sie die Bourgeoisie predigte, die die Sittlichkeit aus den Geboten Gottes ableitete. Hier sagen wir natürlich, daß wir nicht an Gott glauben und sehr gut wissen, daß die Geistlichkeit, die Gutsbesitzer und die Bourgeoisie im Namen Gottes redeten, um ihre Ausbeuterinteressen durchzusetzen" (Lenin, a. a. O., S. 788).

„Die Begründer des ML lehren, daß die Moral eine historische Kategorie ist. Es gibt keine Moral, die für alle Zeiten und Völker taugt, und es kann eine solche Moral auch nicht geben. Mit der Veränderung der gesellschaftlichen und ökonomischen Verhältnisse ändern sich auch die Regeln für den Umgang der Menschen miteinander, die Regeln für ihr Verhalten in der Gesellschaft" (Über kommunistische Moral. Neues Leben, Berlin 1953, S. 22).

„An eine ewige Sittlichkeit glauben wir nicht und entlarven den Betrug alle möglichen Märchen über Sittlichkeit" (Lenin, a. a. O., S. 792). „Die Dialektik besagt, daß es in der Welt nichts Ewiges gibt, daß in der Welt alles vorübergehend und veränderlich ist, daß die Natur sich ändert, die Gesellschaft sich ändert, die Sitten und Gebräuche sich ändern, die Gerechtigkeitsbegriffe sich ändern, die Wahrheit selbst sich ändert" (Stalin, Werke, Bd. I, Berlin 1950, S. 265).

Es gibt unbestritten eine Abhängigkeit des menschlichen Verhaltens von den materiellen Bedingungen des Lebens, doch der Christ weiß nicht nur um diese zum Teil starken Bindungen, sondern auch gleichzeitig um die echte Freiheit des menschlichen Willens, zu handeln oder nicht zu handeln, so oder anders zu handeln. Er bestreitet zu Recht eine harte, unabänderliche Festlegung (Determination) seines Willens von den Umweltverhältnissen. Es gibt eine echte Freiheit des menschlichen Willens, die ihn vor Gott und den Menschen verantwortlich macht. In den täglichen Auseinandersetzungen mit dem ML trat diese Aussage zwar im Erlebnisbereich zurück, doch grundsätzlich blieb dieser Unterschied von erheblicher Bedeutung für das sittliche Verhalten des Menschen. In der Jugend sollte eine Generation heranwachsen, die alle Bindungen an Religion und christliche Sittlichkeit aufgegeben hatte. Um einer befürchteten Verwahrlosung zu entgehen, wurde eine harte Disziplin von der Partei gefordert und kontrolliert. So sagte schon Lenin (Lenin, Werke, Bd. 23, o. J., S. 155): „Von jeder neuen Gesellschaftsordnung werden neue Beziehungen der Menschen zueinander, wird eine neue Disziplin gefordert." Und es heißt: „Disziplin ist überall erforderlich – in der Produktion, in der Armee und im Alltagsleben. Eine feste, bewußte Disziplin ist die unerläßliche Voraussetzung für eine erfolgreiche Verwirklichung der großen Aufgaben des Aufbaus der kommunistischen Gesellschaft ... Die kommunistische Moral ist mit der kommunistischen Weltanschauung unlösbar verbunden. Sie fällt nicht vom Himmel, sie erwächst vielmehr aus den neuen materiellen Bedingungen des Lebens" (Über kommunistische Moral, Verlag Neues Leben 1953, S. 32/43).

Und in der überheblichen Sprache geht es weiter: „Die kommunistische Moral macht das Leben ... lichter und inhaltsreicher" (a. a. O., S. 49). Ähnlich wird über die Arbeit geredet, die nicht mehr wie bisher eine „schimpfliche und schwere Last" sei, sondern zu einer Sache der Ehre, zu einer Sache des Ruhmes, zu einer Sache der Tapferkeit und des Heroismus" werde (Stalin, XVI. Parteitag 1952, S. 76). Wer über 40 Jahre diese Arbeitswelt hat verfolgen können, wer nach dem Zusammenbruch den technischen und ökonomischen Rückstand der sozialistischen Produktion und Wirtschaft hat erleben müssen, sieht sich durch Lüge und bewußte Falschinformationen aufs gröbste getäuscht. Selbst unter den Parteigängern war die Unterlegenheit längst erkannt, durfte aber nie offen angesprochen werden, da das als „Hetze, Antikommunismus" schnell verfemt und verfolgt wurde.

Ohne Kommentar sollte man folgende Zeilen zur Kenntnis nehmen: „Weitere charakteristische Züge des moralischen Antlitzes des Sowjetmenschen sind seine Wahrhaftigkeit und Ehrlichkeit ... Eine der hervorragendsten moralischen Eigenschaften, die den Sowjetmenschen innewohnen, ist die Bescheidenheit" (Über kommunistische Moral, a. a. O., S. 46). Hier wurde gern in den Schulungen auf die exemplarische Bescheidenheit der „großen Führer" Lenin und Stalin hingewiesen.

Ein typisches Zeichen sozialistischer Überheblichkeit war die bombastische, mit Superlativen gespickte Redeweise: „Was kann es Herrlicheres geben als unser lichtes Leben, wenn dir alle Wege offenstehen ... wenn du voll frischer Kraft, Energie und Lebensmut bist? Wir schreiten vorwärts und bieten unser Gesicht dem frischen Wind ..." (a. a. O., S. 49). Wer denkt da nicht an die vielen Opfer, die die sozialistische Diktatur bis in die Familien hinein gefordert hat: Denunziationen im engsten Kreis, Gefängnis, berufliche Schädigungen, Opportunismus für die kleinsten Vorteile, psychischer und sittlicher Notstand. Um die Minderung dieser Nöte habe ich mich immer wieder als Bischof bemüht. Gerade die Jugendweihe blieb ein Dau-

erthema, das die persönlichen und familiären Verhältnisse hart betraf.
Bei den Räten der Bezirke Magdeburg und Halle – letztere besonders sozialistisch ausgerichtet – habe ich diese Frage oft vorgebracht. Mit Nachdruck und stereotyp wurde darauf verwiesen, die Teilnahme an der Jugendweihe sei „freiwillig", wo Zwang ausgeübt werde, sei er unerlaubt. Dieser Zwang hatte viele subtile Formen, die kein Gesetz verbot und keine Strafe verhinderte. Viele Lehrer und FDJ-Sekretäre versuchten, die Teilnahme der Schüler möglichst an die 100 % zu bringen. Die wenigen, meist christlichen Schüler, die sich weigerten teilzunehmen, wurden von Wanderungen, Besuchen in Theatern und Museen ausgeschlossen und immer wieder so abqualifiziert, daß sie dem Druck oft nicht widerstanden. Der Kaderleiter des Betriebes lud den Vater des Kindes vor und warnte mit dem Verweis „auf die Folgen" vor solchem „staats- und parteifeindlichem Verhalten".
Eine Maßnahme der Kirche, die seit den 50er Jahren versucht wurde, sollte die Jugendweihe in katholischen Kreisen in möglichst hohem Maß ausschließen. Die an der Jugendweihe teilnehmenden katholischen Jungen und Mädchen sollten von der Teilnahme an der Firmung, wenn sie im gleichen Jahr stattfand, ausgeschlossen werden. Mir war dabei gleich zu Anfang nicht wohl, da hier ein Streit mit den schwächsten Gliedern der Gesellschaft, den Kindern, ausgefochten werden sollte, der so einfach nicht zu gewinnen war. Doch ich erlebte auch – wie schon geschildert – daß alle meine Versuche, ihn zwischen Staat, seinen Funktionären und mir auszutragen, ohne Erfolg waren. Hinter Lügen und Halbwahrheiten versteckten sich die angesprochenen Partner. Schon bald war deutlich, daß wir mit diesen „Sanktionen" nur wenig erreichten. Ein gewisser Erfolg zeigte sich darin, daß in den „Vorbereitungsstunden" auf die Jugendweihe auf

eine starke antireligiöse, antikirchliche Polemik verzichtet wurde. Im „Gelöbnis" selbst wurden die Jugendlichen weiter zur „Treue gegenüber dem Sozialismus" verpflichtet. Auch mehrfache Anmahnungen an die Regierung, auf die bewußte Gleichsetzung von Sozialismus und Atheismus offen zu verzichten, blieben unbeantwortet.
Die allgemeine Demoralisierung in den Schulen hat, wie sich bald herausstellte, ein so großes Mißtrauen, eine innere Abwehrhaltung unter den Jugendlichen hervorgerufen, daß auch wir in der religiösen Erziehung davon betroffen wurden. Autorität und Achtung gingen verloren, der Lehrer war nur noch ein Funktionär in einer Sache, die die Jugendlichen nicht mehr echt interessierte. Eine verständliche Reaktion war eine Gleichgültigkeit, die nur noch darauf bedacht war „durchzukommen". Ich habe gerade in den Begegnungen mit der Jugend immer wieder versucht, auf den Wert und die Bedeutung der natürlichen und christlichen Tugenden hinzuweisen. Dazu gehörten die zahlreichen Gruppenbegegnungen in den Gemeinden, in unseren Häusern, die jährlichen Jugendwallfahrten, die oft unter ein ethisches Thema gestellt wurden, so z. B.: „Treue zu Christus", „Ja zum Leben".
Nach dem Ausbruch des Krieges zwischen den beiden kommunistischen Staaten Kambodscha und Vietnam (1979) hatten die Funktionäre der SED es schwer, auf die vielen drängenden Fragen des Volkes, selbst in den Parteisitzungen, eine plausible Erklärung zu finden. Denn so hatte man jahrelang erklärt: „Der Leninismus lehrt, daß Kriege gerecht sind, wenn sie geführt werden, um Völker von der Herrschaft der Ausbeuterklassen und von der nationalen Versklavung zu befreien" (Über kommunistische Moral, a. a. O., S. 63). Die Wirklichkeit hatte den Sozialismus wieder einmal eingeholt. Eine ähnliche Bedrängnis erlebte ich bei meinen Diskussionen mit den Marxisten über die Beschlüsse des KSZE (Konferenz für Sicherheit

und Zusammenarbeit in Europa), die in Helsinki stattgefunden hatte. Sie sahen die internationale Anerkennung der DDR, die Mitunterzeichner des Paktes war, als das wichtigste Ergebnis an, während ich wiederholt und nachdrücklich auf die Verwirklichung der Beschlüsse von „Korb 3" (menschliche Erleichterungen) drängte. Doch das Interesse an dieser Auseinandersetzung verflachte bald, da man auch diese Deklaration bald abtat als das, was sie für die DDR auch war, als reine Propaganda und Augenwischerei.

Gegen den „Sinn des Lebens" und die „Bestimmung des Menschen" im christlichen Sinn polemisierte man mit der überheblichen Arroganz eines Menschen, der vorgab, es besser zu wissen: „Die kommunistische Ethik begründet die sittlichen Pflichten des Menschen, indem sie von den Interessen aller Werktätigen ausgeht" (Über kommunistische Moral, a. a. O., S. 67).

Die Einstellung des ML zum Eigentum hat sehr merkwürdige Früchte unter den eigenen Leuten gebracht. Der geradezu aufdringliche Wohlstand in der Bundesrepublik, den es einzuholen und zu überholen galt (Ulbricht), machte viele Probleme. Man wollte so gut leben wie „der Westen", sah aber den Berg an Hindernissen in der DDR immer größer werden. So traute auch kaum einer von den Funktionären der Partei dem Wort des Marx, daß „die Vernichtung des Privateigentums die vollständige Befreiung aller menschlichen Gefühle und Eigenschaften darstellt, weil diese Gefühle und Eigenschaften (im Sozialismus) menschlich geworden sind". Die „Wende" 1989/90 hat sehr deutlich gemacht, daß es gerade diesen Kreisen um die materiellen Vorteile dieser Wende ging und die Angleichung an die westlichen Lebensverhältnisse so stark gesucht wurde, daß der Blick auf die desolaten moralischen Defizite nur zaghaft gewagt wurde. Wir Christen waren unter den ersten, die nach dem Zu-

sammenbruch darauf hinwiesen, daß die ethische Erneuerung nötig und vordringlich sei.
Einen bedeutsamen Teil unserer Auseinandersetzung mit dem ML brachten die Bischofsworte, die wir katholischen Bischöfe sehr zahlreich gemeinsam oder einzeln in unsere Gemeinden zur öffentlichen Verlesung schickten. Als Bischof in Magdeburg habe ich zwischen 1970 und 1990 34mal solche Verlautbarungen herausgegeben. Dabei ging es in den meisten Fällen um akute, die Öffentlichkeit betreffende Anliegen (siehe: Volk und Kirche in der Dämmerung, Benno-Verlag 1992, Register Bischofsworte):

1973 **Der moderne Mensch**
erfolgreich, verplant, mißtrauisch
ein positives und negatives Bild
unsere Antwort (a. a. O., S. 23-26)

1974 **Menschen in der DDR**
müde, ohne Hilfe
(a. a. O., S. 30/31)

1976 **Die Werke Gottes tun**
solange wir leben und wirken können
(a. a. O., S. 43-45)
Wir und die gottlose Umwelt
Umgang mit den Atheisten
(a. a. O., S. 46/47)

1977 **Christliche Ehe – heute**
gegen die moderne Unsicherheit
(a. a. O., S. 56-60)

1978 **Begegnung mit Christus**
Aufgabe für den einzelnen und die Kirche
(a. a. O., S. 70-72)

1979 **Kirche in der DDR**
Freude aus dem Verzicht

Wir werfen Ballast ab (Ängstlichkeit, Karrieresucht, unerlaubte Zugeständnisse, Überheblichkeit)
Wir behalten die Orientierung
(unser Lebenssinn, Glaube an Gott)
Wir leben ohne Illusion
(a. a. O., S. 85-88)

1979 **Über die Hoffnung**
bei Gott leben; in Geduld leben; aus dem Glauben leben
(a. a. O., S. 88-91)

1979 **Die christliche Ehe**
der gemeinsame Glaube
(a. a. O., S. 94/95)

1980 **Der heilige Norbert von Magdeburg**
ein Fremdling in dieser Welt
ein bedeutsamer Baumeister
ein Jünger des eucharistischen Herrn
(a. a. O., S. 98-101)

1981 **Haben wir Christen noch eine Chance in unserem Land?**
Was wird aus dem christlichen Glauben unserer Kinder und Jugendlichen?
Finden wir in unserer Diasporakirche die Gemeinschaft, die wir brauchen?
(a. a. O., S. 106-109)

1982 **Wir stecken den Weg ab und geben unserem Leben ein Ziel**
Unser Bewußtsein, daß es Sünde gibt, ist verkümmert
Die Heiligung des Sonntags
(a. a. O., S. 113-116)

1983 **Der Friedensdienst der Kirche**
Frieden als Gabe Gottes und Werk der Menschen

kontrollierte Abrüstung, Krieg und Gewaltlosigkeit, Wehrdienst, gegen den Wehrkundeunterricht in den Schulen, Erziehungsrecht der Eltern
(a. a. O., S. 143-147)

1983 **Zeuge sein**
in Jesu Absicht, gegen Verfolgung in Wahrhaftigkeit und in Hoffnung
(a. a. O., S. 148-151)

1983 **Situationsbericht zur Jugend**
ihr Milieu, ihre religiöse Umwelt,
besondere Aufgaben der Kirche
(a. a. O., S. 156-158)

1984 **Gebet, Nächstenliebe, Buße**
(a. a. O., S. 160-163)

1985 **Der christliche Sonntag**
Ruhetag, Tag des Herrn
Praxis und Auftrag
(a. a. O., S. 176-179)

1985 **Sterben**
als Verlust von Besitz, Hineinwachsen in den Herbst des Lebens
Tod
als Ende, Beginn des neuen Lebens
(a. a. O., S. 179-181)

1986 **Die Bedeutung der Kirche**
als Ganzes, in der Gemeinde
(a. a. O., S. 192-194)

1987 **Das Gotteshaus als Zeichen des Glaubens**
Begegnung, „geistige Umweltverschmutzung“, persönliche Heiligung
(a. a. O., S. 211-215)

1987 **Der Umgang miteinander**
zu unbekümmert, viele Vorurteile,
unbeweglich, Umkehr, Wahrhaftigkeit
(a. a. O., S. 213-215)

1988 **Das Ja zum neugeborenen Kind**
Wert des menschlichen Lebens, sein Schutz
Kirche als Anwalt der ungeborenen Kinder
(a. a. O., S. 220-223)
1. Wort zur politischen Situation in der DDR
Fluchtbewegung in den Westen, Anfragen an die DDR-Regierung, die alltäglichen Probleme
Forderungen
(a. a. O., S. 229-231)
2. Wort zur politischen Situation
Dank an die Gemeinden für Antworten
(a. a. O., S. 232)
Stellung der Berliner Bischofskonferenz zur politischen Situation
kritische Anfragen
(a. a. O., S. 232f.)

1989 **3. Wort zur politischen Situation**
Forderungen zur Neuordnung
Verzicht der SED auf Führung, Aufhebung der Blockparteien, Befreiung des Bildungswesens von Zwängen des ML, Marktwirtschaft statt Planwirtschaft, Religionsfreiheit, Abbau der Sicherheitsorgane
(a. a. O., S. 233f.)
Vorgesehenes Lehrschreiben
statt Sozialismus Solidargemeinschaft,
Revision des Geschichtsbewußtseins
gegen den Verfall unserer Städte
(a. a. O., S. 235f.)

Berliner Bischofskonferenz:
Der Wandel in Staat und Gesellschaft und unser kirchlicher Auftrag
Aufruf zur Mitgestaltung
(a. a. O., S. 239f.)

1989 **4. Wort zur politischen Situation**
Unsere Ampeln stehen auf Rot
für einen „besseren Sozialismus"
für die Weiterführung der Jungen Pioniere
und der FDJ
für falsche Versprechen
Unsere Ampeln stehen auf Grün
zur Mitarbeit für eine neue Gesellschaft
für die Wiederbelebung des christlichen Geschichtsbildes
für den Wiederaufbau in Städten und Dörfern
(a. a. O., S. 241)
Aufruf zum Pastoraltag in Magdeburg
Wir machen mit
(a. a. O., S. 244)

1990 **Ehe und Familie in Bestand und Wandel**
Bindung in verantworteter Freiheit
die Elternschaft als Gabe und Gegengabe
die Belastungen
(a. a. O., S. 246 f.)
Gründung des Kinder- und Jugendverbandes
Stelle im gemeinsamen Europa
Leben im Haus mit vielen Stockwerken
Leben in einem offenen Haus
(a. a. O., S. 247f.)
Wort der Berliner Bischofskonferenz zu den Wahlen am 18. März und 6. Mai 1990
Gebt eure Stimme dem, den ihr geprüft habt
den aktiven Christen

Habt Vertrauen, betet für Staat und Kirche
(a. a. O., S. 248f.)
Letzter Kollektenaufruf für das Bischöfliche Werk „Not in der Welt“
Bilanz der 22 Jahre des Bestehens
1989 war ein gutes Spendenjahr
Ab 1991 Partner von „Misereor“
(a. a. O., S. 259f.)

Die Wirkung der Kirche von den Kanzeln aus hat besonders in bedrängten Zeiten ihr eigenes Gewicht. Dann kommen zu den ständig akuten Fragen und Problemen, die laufend auch in Bischofsworten angesprochen werden, Entscheidungen, wie sie am Ende der Herrschaft des Sozialismus in der DDR in großer Schärfe für den einzelnen wie für die Gemeinschaft der Kirche und des Volkes auftraten.
Die bischöflichen Mitbrüder haben ähnlich, wie ich es tat, gehandelt und waren so unmittelbar an den Veränderungen in der DDR beteiligt.
Auf viele Einzelheiten in der Auseinandersetzung des Christen mit dem ML könnte und müßte noch hingewiesen werden, um die großen Dunkelheiten aufzuhellen, die eine voreilige, einseitige Diskussion zurückläßt.
Es war oft recht mühsam, sich an die Grundthesen des ML heranzuarbeiten. Dabei war nicht ein gewisser geistiger Anspruch, der gegenüber einer schwulstigen, hoch gestapelten Sprache verlangt wurde, das eigentliche Hindernis, sondern das waren die Monotonie, die inhaltliche Flachheit, die Beschwernis, „am Stoff zu bleiben“. Ich habe das sowohl in Begegnungen, Diskussionen wie auch in der Lektüre immer wieder erleben müssen. Doch auch der Eifer auf unserer Seite, der alle Überlegungen vorschnell als überholt in eine „linke Ecke“ drängen wollte, machte Diskussionen kaum möglich. Die Funktionäre allerdings wa-

ren nicht zu „bekehren“, aber auch oft nicht zu informieren, daß sie sich den ihnen fremden Überlegungen stellten. Ich sah das oft als eine Folge und Wirkung ihrer sog. Parteidisziplin an, deren Einhaltung geradezu ein Beweis ihrer sozialistischen Treue war. Die Massenumzüge, in denen man, schreiend und Papierfähnchen schwenkend, an den Tribünen vorbeizog, waren solche Deklamationen einer Unterwürfigkeit, die einer echten Überzeugung hohnsprachen. Im kleinen Kreis kam manches hervor, was in Frage stellte, was man in der Öffentlichkeit laut verkündet hatte.

Die alte Weisheit, den Gegner kennenzulernen, um ihn zu verstehen und seine Argumente zu widerlegen, Besseres anbieten zu können, galt als unbestritten. Breit und fast undurchdringlich war die innere Abwehrfront unter der Bevölkerung in der DDR. Nur wer sich beruflich nicht entziehen konnte, mußte die politischen Berieselungen über sich ergehen lassen. Es gab schon in den Schulen (OS/EOS) nicht nur einen starken Widerstand gegen jede Form von Gesellschaftslehre, prinzipiell überlagert von den Lehren des ML, sondern auch eine nur unwillige Beteiligung am Unterricht für Russisch. Auch hier waren die sprachlichen Übungssätze, die kürzeren oder längeren Übungsstücke fast ausnahmslos mit der Ideologie des ML befrachtet. Da Russisch in allen Schulen Pflichtfach war, konnte man sich der Teilnahme nicht entziehen. Dabei fiel mir schon in den 50er und 60er Jahren auf, daß die Teilnehmer des Norbertuswerkes – die meisten mit 10-Klassen-Abschluß, alle mit Russisch-Unterricht – mit sehr geringen allgemeinen Kenntnissen in Grammatik, Satz- und Formenlehre zu uns kamen und so kaum in der Lage waren, für den Deutsch- oder Fremdsprachenunterricht auf Hilfen zurückgreifen zu können.

Wer beruflich in irgendeiner Abhängigkeit zum System stand, mußte an den laufenden Schulungen teilnehmen.

Das galt nicht nur für die Studenten an den Universitäten und Hochschulen, sondern auch für ihre Professoren und Dozenten. Man nannte allgemein diese Zwangsbearbeitung die „Rotlichtbestrahlung". Widerstand regte sich nur dort, wo man ihn unauffällig betreiben konnte; zu echten Protesten kam es kaum. Schon wer zu offenkundig sein Desinteresse zeigte, mußte mit einer Mahnung durch den Kaderleiter oder den Politoffizier (bei der NVA) und in „schweren" Fällen mit dem Verweis von der Hochschule, dem Institut o. ä. rechnen. Der psychische Druck verschärfte sich gelegentlich, besonders in den 60er und 70er Jahren, so stark, daß diese Drangsale zur Aufgabe des Berufes oder zur Flucht in den Westen führten.

Als Kirche hatten wir keinen leichten Stand, da wir einerseits darum bemüht bleiben mußten, die Teilnehmer in unseren Bildungshäusern auch mit dem ML so vertraut zu machen, daß sie sich in diesem Irrgarten einigermaßen zurechtfanden, andererseits aber auch befürchten mußten, daß manches Gift durch uns selbst verabreicht wurde. Ich habe über viele Jahre hin als Rektor des Norbertinums mich dieser Mühe unterzogen und in allen Kursen bis 1970 im einzelnen über den ML unterrichtet. Ähnliches galt auch für „Kurzinformationen" in ML im Seelsorgehelferinnen- und Fürsorgeseminar, im Seminar Huysburg, gelegentlich in den Gemeinden, in den Kolpingsfamilien. Unsere Presse (Tag des Herrn, gelegentliche Verlautbarungen in den Jurisdiktionsbezirken) konnte wegen der „Vorzensur", die mit Blick auf zu befürchtende Eingriffe fast selbsttätig funktionierte, nur wenig ausrichten.

Als Bischof habe ich über Jahre hinweg vergeblich versucht, Priester oder Laien für ein Studium des ML zu interessieren. Nicht nur die absolute Sperre, das Studium an einer öffentlichen Hochschule aufzunehmen, war der

Grund für dieses negative Ergebnis, sondern auch die schon erwähnte Uninteressiertheit bei den Angesprochenen. Im gesamten Bereich der Kunsttheorie und Kunstgeschichte bestand ein erheblicher Mangel an ausgebildeten Kräften, den wir gerade in der Kirche drückend empfanden. Durch einen tragischen Unfall (Blitzschlag) fiel eine Studentin aus, die als „Delegierte" der Kirche für dieses Fach in die Sektion Kunstgeschichte einsteigen wollte.

Obwohl auch in unseren Gemeinden eine große Zahl von Menschen in Schule und Beruf in die Lehren des ML eingeführt worden war, gab es aus den geschilderten Gründen kein Reservoir, das dem Widerstand gegen das System und dem kommenden Wiederaufbau in wichtigen Gebieten (Philosophie, Sozialwissenschaften, Geschichte u. a.) hätte entscheidend weiterhelfen können.

Zu dieser Mühe, den Gegner kennenzulernen und sich damit auf eine – wie damals zu befürchten war – lange und ungewisse Zukunft einzustellen, kam eine zweite, nicht mindere Aufgabe für den Christen, nämlich „Distanz" zu halten. Sie sollte und mußte „in Würde" geschehen. Nach der Wende wurde viel vom „aufrechten Gang" gesprochen als Zeichen für jene, die ohne innere und äußere Abhängigkeit, ohne Verlust ihrer Menschlichkeit, ohne Lug und Verstellung, eben „in Würde" die Zeiten der Prüfungen im SED-Staat überstanden hatten. Diese Würde war nur zu wahren, wenn man sich nicht opportunistisch an das System verkaufte, wie es das MfS (Ministerium für Staatssicherheit) durch seinen Sicherheitsdienst (Stasi) mit allen Mitteln des groben und subtilen Terrors versuchte. Diese Würde wurde gehalten, wo man jedem Druck, der oft sehr schmerzhaft sein konnte, widerstand und offen und eindeutig „Distanz" hielt. Ich habe zahlreiche Erfahrungen schon im Norbertinum (1952-1970) machen müssen. Ich erwartete von den Studierenden, daß sie mir alle Kontakte mit solchen Rattenfängern mitteilten. Wer das tat, dem konnte ich versprechen, mal schneller, mal mit Schwierigkeiten aus den Fängen dieser Leute sich noch zu befreien, bevor sie ihn zu Aufträgen durch Drohungen oder Lockungen zwangen. Es genügte meist schon, daß sie den Agenten sagten, sie hätten mir diese Kontakte mitgeteilt. Dann brüllten und drohten diese Verbrecher, aber in den meisten Fällen waren die Betroffenen gerettet.

Auch als Bischof machte ich ähnliche Erfahrungen. Es war mit Sicherheit schwerer für den Stasi, an die Priester heranzukommen. Sie lebten zwar in relativ gesicherten Verhältnissen (Arbeitsstelle, Gehalt), hatten aber Wünsche, die in dem Mangel- und Verbotssystem verständlich waren (Reisen in den Westen, finanzielle Bedürfnisse). Über die Priester wollte der Stasi informiert werden, frühzeitig an Hirtenbriefe, Verlautbarungen herankommen, die nicht über den Postweg, der von ihnen kontrolliert war, sondern via certa (auf sicherem Weg) in die Gemeinden kamen. Für diese „kleinen Dienste" machte er sich große Mühen. Wo er einen Priester unter Druck setzen konnte, weil er ihm ein Fehlverhalten (illegaler Geldwechsel, verschuldeter Unfall o. ä.) vorwerfen konnte, da war er schnell zur Stelle. Doch auch hier bewährte sich der Mut, sich dem Nachbarn, dem Bischof zu erklären.

Die Verletzung der Menschenrechte war ein häufiges Delikt der DDR-Führung und ihrer Vasallen. Die Bischöfe der DDR haben in vielen öffentlichen Verlautbarungen gegen die Verletzungen protestiert: Gegen die „geplante Jugendweihe" protestierten bereits 1954 die Bischöfe von Berlin und Meißen, der Kapitelsvikar in Görlitz, der Weihbischof in Magdeburg. Die Jugendweihe wurde mehrfach seit 1955 verurteilt (1969/72).

Die christliche Unterweisung wurde 1957 eingefordert, der dialektische Materialismus 1956 verurteilt, die Gewis-

sensfreiheit verlangt (1958), von den Rechten der Christen und der Freiheit der Kirche (1958), von der Kirche unter dem Kreuz (1959) gesprochen. An den Ministerpräsidenten Grotewohl ging ein Schreiben zum Gesetz über die sozialistische Entwicklung des Schulwesens in der DDR (1960). Ein Hirtenbrief hatte zum Thema: „Über den Christen in atheistischer Umwelt und seine religiöse Betreuung“ (1960).
Wieder ging ein Schreiben an den Ministerpräsidenten gegen die Verletzung von Menschenrechten bei der Werbung zum Eintritt in die LPG (1960).
Gegen die Einschränkung des Erziehungsrechtes der Eltern (1960) und nach dem Mauerbau wandten sich die Bischöfe an die Gläubigen (1961). Einwände der Bischöfe bei der Einführung der Wehrpflicht wurden offen vorgebracht (1962).
Zum Entwurf eines neuen Jugendgesetzes wandten sich die Bischöfe an den Ministerpräsidenten (1963), ebenso zum Entwurf des Familiengesetzes (1965).
Gegen die Abtreibung protestierten sie 1965, zu aktivem Glauben ermahnten sie 1967. Eine Stellungnahme zum Entwurf einer neuen Verfassung der DDR ging an Walter Ulbricht, den Staatsratsvorsitzenden der DDR (1968, zwei Eingaben), die Gläubigen wurden davon unterrichtet (1968). Es gab wieder eine ablehnende Stellungnahme zur Jugendweihe (1969), das ausdrückliche Nein zur Fristenregelung (1972). Erneut wurde Stellung genommen zur Jugendweihe (1972), Einwände gegen das neue Jugendgesetz wurden 1973 erhoben, die Sicherung der christlichen Erziehung wurde 1974 gefordert.
Die Beschlüsse der Pastoralsynode in der DDR – 1974: „Glaube heute“, 1975: „Dienst der Kirche für Versöhnung und Frieden“ – wurden publiziert. Ebenso die über die christliche Ehe in unserer Zeit, das Ja zum Kind (1976). In einer sehr kritischen Verlautbarung und eindeutig ab-

lehnend nahmen die Bischöfe Stellung zur Einführung des Wehrkundeunterrichtes in den 9. und 10. Klassen der Oberschulen in der DDR (1978).
Zum Weltfriedenstag 1983 verwiesen die Bischöfe auf die Notwendigkeit einer beiderseitigen und kontrollierbaren Abrüstung der Machtblöcke, denn es könne keine gerechten Kriege mehr geben. Auch forderten sie die Abschaffung des Wehrkundeunterrichtes in den Schulen (1983).
Immer wieder riefen uns gerade die Menschenrechtsverletzungen der DDR auf den Plan, unser warnendes und korrigierendes Wort zu erheben. In einem ausführlichen Pastoralschreiben ging es 1986 um die besondere Situation der Kirche im sozialistischen Staat. Wir wiesen den anmaßenden Anspruch der marxistischen Ideologie zurück, ebenso den weltanschaulichen Charakter des Bildungswesens und warnten die Christen vor Vereinnahmung durch den marxistischen Sozialismus. Wir drangen auf die eindeutige Trennung vom sozialistischen Staat, wollten aber die sog. Gegebenheiten respektieren und den Christen seelsorgliche Hilfen leisten.
Das Ja zum ungeborenen Leben rückte 1988 noch einmal in den Vordergrund. Vom hohen Wert des menschlichen Lebens aus machte sich die Kirche zum Anwalt der ungeborenen Kinder. Das Verbot zu töten ist und bleibt Fundament des menschlichen Zusammenlebens.
Die Kirche läßt sich ihren Weltauftrag nicht nehmen, sie weiß ihn aus der Verbundenheit mit Christus abgesichert und tritt stets dafür ein, Gott in allem den Vorrang zu geben. Es gibt eine gemeinsame Sendung aller Glieder der Kirche, die gegen Verzagtheit und Mutlosigkeit stark macht (1988).
Die Fluchtbewegung der Menschen aus der DDR in den Westen machte den Bischöfen Sorgen, die auch ihren öffentlichen Ausdruck fanden in Interviews, Hirtenbriefen,

Predigten. Hier spielten Verlautbarungen einzelner Bischöfe eine Rolle. Ich selbst habe im September 1989 auf mein Bischofswort „Tausende haben die DDR verlassen" ein sehr starkes Echo gehabt. Diese Verlautbarungen sind mehrfach dokumentiert.

Die Berliner Bischofskonferenz hat sich in diesem Zusammenhang mehrfach geäußert und den Wandel in Staat und Gesellschaft und unseren kirchlichen Auftrag deutlich herausgestellt. Um Klarheit zu schaffen, wurden auch die Wahlvorbereitungen im März und Mai 1990 angesprochen.

Gegen Ende der DDR wurde noch einmal gegen die Abtreibung und die sog. Fristenregelung zum Schutz des menschlichen Lebens aufgerufen (Juni 1990).

Mit der evangelischen Kirche wurde ein Aufruf an das deutsche Volk gerichtet, um eine gemeinsame Zukunft der Deutschen besorgt zu sein (Juni 1990).

(Alle Texte in: Lange, Katholische Kirche – Sozialistischer Staat DDR. Dokumente und öffentliche Äußerungen 1945-1990, Leipzig 1992).

V.

Die Öffentlichkeitsarbeit der Kirche

Es war ein sehr ernstes und eindeutiges Wort, mit dem Jesus seine Jünger aus den schützenden Wänden ihrer Wohn- und Versammlungsräume in die Öffentlichkeit schickte: „Was ich euch im Verborgenen sage, davon redet am hellen Tag, und was man euch ins Ohr flüstert, das verkündet von den Dächern" (Mt 10,27). In diesen Texten wiederholt Jesus die Mahnung, sich nicht zu fürchten vor denen, die ihre Drangsale im Dunklen ausüben, die den Leib töten und ihm Schaden zufügen, wo immer sie können. Der hat nichts zu fürchten, wer sich zu Jesus bekennt. Doch Jesus verspricht nicht die Gelassenheit und den Frieden, die Ruhe und Ungestörtheit bringen, sondern er ist „nicht gekommen, um Frieden zu bringen, sondern das Schwert" (Mt 10,34).

Eine lange Geschichte hat bestätigt, was Jesus hier vorausgesagt hat. Unser Reden und Tun in der DDR drängten immer in die Öffentlichkeit von Kirche und Gesellschaft, suchten die Begegnung mit Menschen in allen ihren Lebenslagen. So haben wir uns schon in der Nazizeit (1933-1945), dann auch unter der Diktatur des Sozialismus (1945-1990) schwer und oft mit nur geringem Erfolg diesen Aufgaben und Pflichten unterzogen. Wir haben uns von den Nazis nicht in die Sakristei abdrängen lassen, die man uns ließ, dabei aber alle Türen nach draußen schließen wollte. Wir haben uns unter den Sozialisten nicht unser Selbstbewußtsein zerstören lassen, zum Volk und in seine Geschichte zu gehören. Wir trotzten ihren illusionistischen „Gesetzen", nach denen wir über kurz oder lang aussterben würden. Beide Systeme haben wir nicht nur überlebt, sondern der Welt auch un-

sere Kraft zeigen können, die entscheidend an der unblutigen Ablösung des Sozialismus (1989/90) beteiligt war.
Das Kapitel, das ich schreiben will, ist nicht ein Lobgesang auf große Taten, auf heroische Leistungen einzelner, sondern wurde mit Geduld von vielen Frauen und Männern geschrieben, die sich Gott und seiner Kirche tief verbunden wußten.
Unsere erste „Öffentlichkeit" blieb die christliche Familie. Die Treue der Eheleute und ihr Eifer, ohne Aufwand und Getöse ihr Christsein zu leben, waren die festen Fundamente für Gemeinde und Kirche. In einer den sittlichen, christlichen Tugenden entwöhnten Umwelt haben sie Strukturen aufgebaut und gerettet, die auch für unsere Zukunft von Bedeutung bleiben werden. Diese Familien haben Freundschaften begründet, lebendige Kreise der Begegnung und der gegenseitigen Hilfen in den Orts- und Kirchengemeinden gebildet. Ich habe schon als Vikar in den Gemeinden der Diaspora erlebt, welche Bedeutung es für unsere Leute hatte, von Gleichgesinnten am Ort, in der Nachbarschaft, in den Städten und Dörfern zu wissen, die nicht vom Karrieregeist und der Angst vor den Spitzeln und Zuträgern beherrscht waren.
Da Verbände im westlichen Stil verboten waren und blieben, waren gerade diese Kontakte hilfreich für den einzelnen und seine Familie. Als Kirche legten wir besonderes Gewicht darauf, solche Familienbindungen und -kreise sehr zahlreich entstehen zu lassen und ihre Tätigkeit, wie immer möglich, zu fördern. Ich habe damit auf einen Bereich zurückgegriffen, der unter geregelten und von äußerem Druck freien Verhältnissen so nicht gegeben ist. Aber für uns in der DDR waren diese Räume, in denen man leben konnte und wollte, von großer Bedeutung, und auch die Priester verstanden ihr Bemühen um die Familienkreise als eine Arbeit, die ihren ersten Schritt

über den rein privaten Bereich hinaus tat. Es kam häufig vor, daß in diese Familienkreise auch Nicht-Katholiken eintraten, dort aktiv mitarbeiteten und sich wohl fühlten.
Die Öffentlichkeitsarbeit im üblich verstandenen Sinn betrieben unsere Kirchenzeitungen. Für den gesamten Raum der DDR war als Kirchenzeitung der „Tag des Herrn" zugelassen, der vierzehntägig in Leipzig erschien und in der Verantwortung des Benno-Verlages gedruckt und herausgegeben wurde. Seine Auflagenhöhe lag zwischen 80 000 und 100 000 Exemplaren. Er wurde über die Post vertrieben.
Als Diözesanzeitung für das Bistum Berlin wurde das „Hedwigsblatt" herausgegeben. Beide Zeitungen haben relativ unbeschadet die Jahrzehnte der Einschränkung überstanden. Immer wieder behauptete der DDR-Staat, er würde keine Zensur ausüben, aber gleichzeitig bestätigte er durch sein Verhalten, wie sehr er diese Zeitungen im Blick behielt. Die Herausgeber waren gezwungen, ihre Beiträge stets unter dem Gesichtspunkt zusammenzustellen, daß man den drohenden Zeigefinger des Staates nicht übersah. So entstand eine Art von Vorzensur, die im Sinne des Staates recht wirksam war. Die Einstellung auf dieses Druckmittel hat zwar vor manchem Eingriff durch den Staat bewahrt, aber doch vor Zugriffen nicht immer geschützt. Um diese wichtige publizistische Aufgabe nicht ganz unmöglich zu machen, wurde manches hingenommen.
In der allgemeinen Presselandschaft waren wir in den Bezirks- und Zentralmedien nur gelegentlich mit Artikeln vertreten, die zu den kirchlichen Feiertagen – in den CDU-Medien – eine Art von Einstimmung gaben zu den Festgedanken. Politische Stellungnahmen wurden nur veröffentlicht, wenn sie dem von der SED vorgegebenen Trend entsprachen. Damit blieb jeder Versuch, sich kritisch zu den Ereignissen, Anordnungen des Systems zu

äußern, in dieser Öffentlichkeit abgeblockt. Ich kann mich über die vielen Jahre, in denen ich täglich die Zeitungen durchsah, an keinen einzigen Fall erinnern, in dem etwa das CDU-Zentralorgan „Die Neue Zeit" zu den Maßnahmen der Regierung, die von Berlin oder den Bezirksregierungen erlassen wurden, kritisch Stellung nahm. Die Gleichschaltung dieser Zeitungen mit den Veröffentlichungen in den SED-Zeitungen war so perfekt, daß sie sogar den wörtlichen Text nachdruckten, der am Vortag in der SED-Presse stand. Praktisch hatte das für mich persönlich den „Vorteil", daß ich bei meiner morgendlichen Zeitungslektüre nur wenig Zeit aufwenden mußte. Die beiden u. a. in Magdeburg verteilten Zeitungen – die „Volksstimme", Parteiorgan der SED für den Bezirk Magdeburg, die „Neue Zeit", Zentralorgan der CDU, Berlin, für die Bezirke Magdeburg und Halle – blieben bis zur Wende 1989/90 in diesen ihnen zugeteilten Rollen stecken. Sie waren so überrascht wie fast alle DDR-Bürger und sahen die kommenden Veränderungen nicht voraus, andererseits staken sie tief in ihrer politischen Befangenheit und hatten Angst, sich aus ihren Löchern herauszuwagen.
Wir scheuten uns selbst über viele Jahre hin, uns als Kirche in das publizistische Feld dieser Zeitungen vorzuwagen. Zur SED-Presse gab es schon von der Redaktion dieser Zeitungen her keinen Zugang, diese bauten bewußt immer mehr ab, was an christlich eingestellten Berichten vorlag oder auf sie zukam. Selbst bis in die Todesanzeigen hin gab es diese Haltung. Das Kreuz über diesen Anzeigen war schon früh verschwunden, tauchte bis in den Anfang der 60er Jahre noch gelegentlich auf, verschwand dann aber völlig aus diesen Zeitungen. Die starke Abhängigkeit der CDU-Presse von der SED-Berichterstattung und ihren Kommentaren hielt uns ab, in näheren Kontakt mit ihr zu kommen. Ende der 60er Jahre gab es wieder-

holt Versuche der CDU-Presse, sich um Nachrichten aus dem kirchlichen Bereich zu mühen, die aber nur gelegentlich und zurückhaltend von uns an diese Redaktionen gegeben wurden. So wurde über das 1000jährige Jubiläum der Begründung des Erzbistums (1968) in Magdeburg ausführlich berichtet, gelegentlich auch Kurzberichte über die Fronleichnamsprozessionen in Magdeburg und Halle gedruckt, mit längeren Berichten wurden die Norbertfeiern in Magdeburg (1980/82) erwähnt.
Keine Nachrichten, geschweige denn Kommentare gab es über die zentralen und diözesanen Bischofsworte, da sie in der Regel Themen zum Inhalt hatten, die für sie unangenehm waren, unter Umständen große Schwierigkeiten bei Veröffentlichungen einbrachten und personelle Ablösungen drohten. Eine erstaunliche Eigenfärbung, die weit über die Landesgrenze bekannt wurde, hatte sich das „Thüringer Tageblatt" bewahrt, das vom kirchlichen Innenleben mehr als andere Zeitungen berichtete. Diese Tatsache war dem Mut eines Redakteurs zu verdanken, der dem politischen Druck nicht nachgegeben hatte und aus seiner christlichen Haltung keinen Hehl machte. Ich habe diesen Mann oft bewundert und war zutiefst erschrocken, daß er nach der Wende seinen Platz nicht finden konnte, während eine Reihe alter, sozialistischer Journalisten erfolgreich als „Wendehälse" ihre Positionen erhalten und festigen konnten.
Die Bücher aus dem Benno-Verlag in Leipzig haben seit den 50er Jahren in der DDR eine beachtliche Rolle gespielt. Eine kritische Auseinandersetzung mit dem System konnten auch sie nicht leisten. Aber durch zahlreiche Bucherscheinungen haben sie in Romanen, Erzählungen, Bildbetrachtungen christlich-humanes Gedankengut verbreiten können. In Lizenzausgaben konnten auch Arbeiten aus dem Westen herausgegeben werden. Eine sehr kleinliche Zensur von seiten des Staates hat manches

nicht möglich gemacht, vieles in Texten und Berichten verhindert oder ganz unterbunden. Diese Einwände waren oft empörend, sind aber durch den rücksichtslosen Einsatz der Verbotsmittel, durch Drohungen und Nötigungen so gut wie immer im Sinne des Systems durchgesetzt worden. Gelegentlich überschritten die Zensoren die Grenze zur Lächerlichkeit. Die Benno-Bücher hatten einen guten Zugang zu den deutsch sprechenden Kreisen in Polen und in der Tschechoslowakei, da der Verlag als „Verlag aus dem sozialistischen Lager" für die Grenzer, die diese Bücher kontrollierten, „ungefährlicher" war als die „aus dem Westen"! Die ständige Papierknappheit in der DDR hat manchen Versuch, Bücher zu drucken oder ihre Auflagen zu vergrößern, schon in den Anfängen zunichte gemacht. Doch gemessen an den überall auftretenden Schwierigkeiten lief die Produktion zufriedenstellend und hat den Plan noch vor der Wende reifen lassen, einen Neubau für Druck und Vertrieb des Verlages in Leipzig vorzusehen. Die Pläne wurden dafür erarbeitet, von den Gesellschaftern gebilligt, erfolgreich wurde sich um westliche Finanzmittel gemüht und schon ein Zeitplan aufgestellt. Die völlig neue Situation, die mit der Wende eintrat, hat alles gestoppt und den Verlag in eine ungewissse Zukunft entlassen.
Ein Gebiet, das in der Regel nicht in den Bereich der Öffentlichkeitsarbeit gehört, aber für eine gewisse Zeit und einen Teil der kirchlichen Tätigkeit in der DDR von Bedeutung blieb, war die Arbeit unserer Pfarrbüchereien. In einer Reihe von Stadtgemeinden hatten diese Büchereien die Bedrängnisse der Nazizeit überstanden und ihre Bestände auch über den Krieg gerettet. Sie konnten nach dem Ende des Krieges wieder mit ihrer Arbeit beginnen oder sie fortsetzen. Die alten Buchbestände waren durch die Tätigkeit und Belieferung des Borromäusvereins bestimmt und auch zahlenmäßig auf einem guten Stand gehalten worden.

In den 20er Jahren dieses Jahrhunderts hat dieser „Verein vom hl. Karl Borromäus e. V." den größten katholischen Bücherverein geschaffen und sich über ganz Deutschland und das deutsch sprechende Ausland ausgebreitet. Sein Ziel war, die Förderung von Geistes- und Ganzheitsbildung auf katholischer Grundlage durch die Verbreitung guter Bücher zu erreichen. Das geschah gezielt und mit Erfolg durch von ihm gegründete oder geförderte Volksbibliotheken, gewöhnlich im Anschluß an die Pfarrei, durch Zeitschriften und Bücherverzeichnisse, durch Veranstaltungen von bibliothekarischen Tagungen und Lehrgängen zur Schulung für den Bibliotheksdienst und zur Belehrung weiterer Kreise über das Schrifttum, über Wert und rechten Gebrauch des Buches. Buchberatungsstellen entstanden in Bonn, Neiße und Saarbrücken. Die „Bonner Buchgemeinde" wurde 1925 gegründet und hat als Buchgemeinschaft des Borromäusvereins in Bonn eine große Bedeutung für das katholische Kirchenvolk erreicht. Es gehörte bis zum Ende der 30er Jahre zur Selbstverständlichkeit und zum guten Ton in den intellektuellen Kreisen des deutschen Katholizismus, Mitglied dieses Vereins zu sein. Jährlich wurden drei Bücher nach Wahl aus dem religiösen, belehrenden oder unterhaltenden Gebiet an die Mitglieder verteilt. Für die Einrichtung und den Ausbau der Pfarrbüchereien gaben sie entscheidende Richtlinien und konkrete Hilfen.
Auch die Diaspora Mitteldeutschlands baute das System dieser Pfarrbüchereien beachtlich aus. Mit der Spaltung Deutschlands hatten es diese Büchereien sehr schwer, ihren Bestand zu sichern. Sie wurden von der Zentrale in Bonn abgeschnitten, hatten immer weniger Zugang zum westdeutschen Büchermarkt. So begann auch auf dieser Ebene ein echter Überlebenskampf in den Gemeinden der DDR. Man begann, mit den vorhandenen Büchern nach dem Kriege die Ausleihen wieder aufzunehmen.

Man versuchte, dieses Bücherkapital dadurch zu vermehren, daß man in den ersten Nachkriegsjahren die Antiquariate durchstöberte. Doch diese Möglichkeiten waren bald erschöpft. Zugänge aus dem Westen waren nur dort möglich, wo man unter hohen Kosten (unterschiedliche Währung Ost/West) und persönlichem Risiko (Kontrolle, Durchsuchungen, Beschlagnahmungen) den Transport West/Ost unternahm. Auch wenn auf diese Weise Tausende von Büchern „eingeführt" wurden, blieb diese Methode doch nur für wenige Pfarreien durchführbar. Als Diözesanbeauftragter des BAM für die Borromäusbibliotheken arbeitete viele Jahre hindurch Pfarrer H. Bartmann, Magdeburg-Sudenburg. Lange hat er diese halb-legalen Möglichkeiten, Bücher aus der Bundesrepublik in die DDR zu bringen, genutzt, hat in unregelmäßigen Abständen auch die Schulungen und Treffen der Bibliothekare durchgeführt.
Einen erheblichen Teil der neuen Bücher lieferte der Benno-Verlag in Leipzig mit seinen Neuerscheinungen an Romanen, Erzählungen, religiösen Schriften, die zum Teil Originalausgaben, zum Teil Lizenzdrucke aus dem Westen waren.
Es war nicht zu übersehen, daß die Arbeit dieser Pfarrbüchereien sich nur auf einen relativ kleinen Teil der Bevölkerung erstreckte. Durch die politische wie auch Diasporasituation hatten sie längst den Charakter von öffentlichen Büchereien verloren. Wie 1940 unter den Nazis wurde durch staatliche Maßnahmen in den Buchbestand eingegriffen, wurden sogenannte Säuberungen von „großdeutschen Inhalten", „verbotenen" Schriftstellern erzwungen. Zeitweise – bis Ende der 70er Jahre – galten sogar Karl Mays in der Jugend beliebte Bände als unerwünscht und als „Relikte einer reaktionären Epoche". Grob kann geschätzt werden, daß in den Pfarreien des BAM nur 30-40 % der Pfarrbüchereien erhalten ge-

blieben waren. Nicht nur der allgemein zunehmende Druck von Fernsehen und Radio (Walkman) haben den Zugang zum Buch schwerer gemacht, sondern auch die aggressive Haltung des sozialistischen Systems dem christlich geprägten Buch nur geringen Spielraum gelassen. Nach der Wende hat sich auch die Situation der katholischen Pfarrbüchereien erheblich verbessert. Von der Bonner Zentrale wurden Versuche unternommen, die Kontakte mit den noch bestehenden Büchereien wieder aufzunehmen und das Bücherangebot nach den langen Jahren der literarischen Sterilität zu beleben. An verantwortlichen Stellen in der Kirche hat sich die Einstellung nicht geändert, daß das Buch unter den modernen Medien weiter eine bedeutende Rolle spielen muß. Auch heute versuchen diese Pfarrbüchereien, unbeschadet ihrer innerkirchlichen Aufgaben, die allgemeine Bildungsarbeit aus christlicher Verantwortung zu betreiben. Die Finanzierung dieser Arbeit war stets schwierig und wird es auch in Zukunft bleiben.
Da unsere unmittelbare Mitgestaltung an den politischen Verhältnissen nur gering war und das sozialistische System mit großer Aufmerksamkeit alle Versuche dieser Art beobachtete und schon in den Anfängen behinderte, hatten unsere Bildungshäuser eine schwierige, aber wichtige Aufgabe. Den Beginn setzten wir schon Anfang der 50er Jahre in Bad Kösen mit dem Konrad-Martin-Haus. Der damalige Leiter des Magdeburger Seelsorgeamtes, Prälat Hugo Aufderbeck – später Bischof in Erfurt – versammelte zu jährlich stattfindenden Jahrgangstreffen die Priester des BAM. Zu Gebet und Gottesdiensten kamen stets Vorträge und Diskussionen zu aktuellen Themen. Die starke Interessiertheit aller Teilnehmer an Vorgängen in Staat und Kirche haben oft diese Tagungen bestimmt und einen starken Einfluß auf die Haltung der Priester ausgeübt. Im Laufe der Jahre wurden Bildungshäuser die-

ser Art an mehreren Stellen ausgebaut und eingerichtet, so auf der Huysburg im dortigen Priesterseminar, in Magdeburg im Sebastianeum (ohne Übernachtung) und im Roncalli-Haus (mit Übernachtung), in Roßbach bei Naumburg für die Jugend des BAM, in Zwochau bei Delitzsch für Priester und Gläubige. Diese Bildungshäuser hatten bis zur Wende sowohl von der materiellen Versorgung her (Unterkunft, Verpflegung) wie auch vom Kurs- und Themenangebot ein gutes Mittelmaß erreicht und für die innere Struktur unserer Kirche eine große Bedeutung erlangt. Die in der DDR üblichen Notstände konnten im allgemeinen so bewältigt werden, daß die Arbeit ungestört ablaufen konnte. Die Beliebtheitskurve der Häuser und ihrer Themenangebote kannte einige Hoch- und Tiefpunkte, gefährdete aber zu keiner Zeit deren Existenz.

Über viele Jahre hin haben Paderborner Professoren und Dozenten ihr Wissen und ihre Erfahrungen zur Verfügung gestellt. Mit der ständigen Kontrollabsicht des Staatssicherheitsdienstes mußte gerechnet werden, der aber weithin (nicht ausschließlich) dadurch begegnet werden konnte, daß persönliche Bekanntschaften untereinander wie auch durch sorgfältige Auswahl der Referenten ein Eindringen in die so abgesicherten Teilnehmerkreise erheblich erschwert wurde. Diese „Sicherheit" war der Preis, den wir zahlen mußten, auf eine breitere Wirkung bis ins Kirchenvolk zu verzichten. So betrieben wir eine „Öffentlichkeitsarbeit" mit angezogenen Bremsen!

Ähnliches gilt für die Studienprogramme in unseren Studienhäusern. Intensiviert wurde die Christliche Soziallehre im Norbertuswerk und im Studium Erfurt vorgelegt mit eindeutiger und kritischer Auseinandersetzung mit den Lehren des Marxismus-Leninismus. Ich habe schon als Rektor des Norbertuswerkes wie auch später als Bischof auf diesem Recht, sich mit dem ML auseinanderzusetzen, heftig beharrt, aber auch jedem Versuch widerstanden, der Partei und ihren Organisationen Einsicht oder gar Einfluß auf diese „innere Angelegenheit der Kirche" zuzugestehen. Bereits 1954 zitierte mich das Magdeburger Schulamt und versuchte vergeblich, eine Korrektur in ihrem Sinn in das Studienprogramm des Norbertinums einzubringen. Auch als Bischof hatte ich ähnliche Eingriffe in die Ausbildung unserer Seelsorgehelferinnen und Fürsorger abzuwehren. Uns half in allen Fällen die Angst der Kontrolleure, sich mit der Kirche anzulegen, die international (Weltkirche!) einen starken Rückhalt hatte und von der Westpresse schnell als vom Sozialismus bedrängte in die Schlagzeilen kam. Und bei den vielen Nöten, in denen das System ökonomisch und politisch steckte, wollte man sich diesen Ärger ersparen. Ich erinnere mich an eine Auseinandersetzung mit staatlichen Funktionären, die kaum ihre Wut unterdrücken konnten, da ihnen wieder einmal ein Hirtenbrief durchs Kontrollnetz gegangen war. Sie mußten oft feststellen, daß ihr System, für das sie soviel Kraft und viele Gelder einsetzten, Löcher hatte, die wir geschickt – und manchmal mit Schadenfreude – zu nutzen verstanden. In diesem Streit gab es dann die Drohung, daß das, wenn sie alles in den Händen hätten, nicht mehr passieren werde! Da sie nur in ihren Kategorien dachten, alle für so ungehemmt und schlecht hielten, wie sie selbst waren, glaubten sie, ähnliche Methoden würden überall angewandt, wo es Einfluß auf Menschen gab. Da nahmen sie auch die Kirche nicht aus!

Und wenn wir dann Informationen hatten, die sie überraschten, war der „Verdachtskreis" schnell geschlossen, irgendwo müsse es einen „Verräter" geben. Das führte mich und meine Mitarbeiter immer wieder dazu, die Gefahren, die von diesem Spitzelsystem ausgingen, nicht zu überschätzen. So haben wir mit dieser Bedrohung besser leben können, als es für Beobachter von draußen möglich

schien. Auf diese Weise wurden ihre Waffen stumpf. Dabei vergaß ich aber nicht, daß auch stumpfe Waffen verletzen konnten und ein rücksichtsloser, durch seine Ideologie festgeklemmter Gegner auch keine Regungen menschlicher Rücksichtnahmen kannte.
Ich wußte, daß meine gesamte Post, die ich als Bischof erhielt, kontrolliert wurde, alle meine Telefongespräche abgehört wurden. Das war mir durch „Indiskretionen" bekannt, wurde durch häufige Erfahrungen (verklebte Briefe, lange Laufzeiten, Einschaltgeräusche und Gesprächsunterbrechungen u. a.) bestätigt. Bei einem heftigen Protest gegen die Stasi-Kontrolleure bei der Magdeburger Hauptpost gab es eine hilflose Reaktion auf der Seite der Post. Ich war mir sicher, daß es über alle Begegnungen, die ich mit Vertretern dieses Systems hatte, Protokolle gab und daß selbst bei Gesprächen, die von betonter Freundlichkeit bestimmt waren, es diesen Schatten von Kontrolle gab. Damit haben wir gelebt und uns nicht in eine Ängstlichkeit drängen lassen, die auf eigene Initiativen verzichtete. Das war, so merkwürdig das klingen mag, auch eine Art von „Öffentlichkeitsarbeit", die nur in einer Diktatur sich herausbildet und Ergebnis der Abwehr der Betroffenen ist. Wer lange genug in der DDR lebte, für den war es klar, daß auch die Kirche sich auf diese absonderliche Situation einstellen mußte, um zu überleben und aus diesem Leben auch noch etwas Positives zu machen.
Ich habe versucht, aus diesen langjährigen Erfahrungen Lehren zu ziehen für das Neue, das mit der Wende 1989/90 auf uns zukam. Wir waren nicht vorbereitet, mußten vieles improvisieren. Mit dem Versuch, eine eigene Zeitung („Der Magdeburger", dann „Halle-Magdeburger") herauszugeben, um unsere Informationen, Stellungnahmen unter das Volk zu bringen, hatten wir kein Glück. Wir waren technisch zu schwach, erlagen

auch redaktionell dem großen Druck der vom Westen einströmenden Zeitungen und rechneten zu leichtgläubig und unerfahren mit Treu und Glauben der sich anbietenden „Partner".

Da wir unter den Christen kaum Leute hatten, die in Politik und Öffentlichkeit Erfahrung hatten, waren wir sehr auf Improvisation und Versuche angewiesen, die nicht immer den gewünschten Erfolg hatten. Auf die „alten Kräfte" konnten und wollten wir uns nicht verlassen, die „Wendehälse" aus der CDU und den anderen Parteien waren ohne Vertrauen im Volk und garantierten auch nicht die Arbeit, die wir nach dem Desaster der vierzig Jahre brauchten. Diese Haltung hat sich schon wenige Jahre nach der Wende ausgezahlt: Eine überraschend hohe Zahl von Christen übernahm in der Politik – zentral wie kommunal – Verantwortung, vorbereitende und begleitende Kurse liefen an. Vom Westen gestützte Gruppen aus den Verbänden der Unternehmer, der Katholischen Arbeiterbewegung (KAB) und des Kolpingwerkes halfen nach Kräften dabei. Auch bei der Lösung praktischer Schwierigkeiten waren unsere Leute zur Stelle. Arbeitsbeschaffungsmaßnahmen (ABM) wurden eingeleitet und gefördert, um die Arbeitslosigkeit, die an vielen Stellen ein bedrohliches Ausmaß angenommen hatte, einzudämmen und die sozialen Folgen zu mindern. Westliche Politiker und Fachleute waren bereit, bei diesem Aufbruch zu helfen. Dabei gab es manchen Fehlgriff und manche Fehleinschätzung, da der Ruin durch die schlimme sozialistische Mißwirtschaft alle Befürchtungen weit übertraf.

Neben viel Unzufriedenheit und Mißstimmung, die zwei Jahre nach der Wiedervereinigung herrschten, gab es aber große Zuversicht gerade in unseren Gemeinden, die dankbar sind für den Wechsel aus Unfreiheit in die Freiheit, aus Parteienfilz in die Chance einer demokratischen

Mitbestimmung. Und die Einsichtigen wissen auch, daß diese Veränderung nicht im Handumdrehen, sondern nur langsam geschehen kann. Sie wissen auch, daß es manche Härten in dieser Phase geben wird, da weder die Vergangenheit noch die Gefahr, die von Vorteilssuchern und Betrügern ausgeht, leicht zu bewältigen sein werden.
Der „Tag des Herrn" hat seine Arbeit in den neuen Bundesländern, in der ehemaligen DDR, fortsetzen können und versucht mit Erfolg in Gemeinschaft mit den Redaktionen westdeutscher Bistumszeitungen (Berlin, Hildesheim, Osnabrück), die Inhalte der nun wöchentlich erscheinenden Kirchenzeitung aktuell und positiv ausgerichtet auf Kirche und Gesellschaft zu gestalten. In der Tages- und Wochenpresse haben die westdeutschen Verlage eindeutig die Vorhand.
Dieses Kapitel über die Öffentlichkeitsarbeit der Kirche in der DDR hat nicht viel Eigenes und Positives zu berichten, zeigt aber auch, daß die katholische Kirche in diesem sensiblen und unter starkem Druck der SED stehenden Bereich die wenigen Möglichkeiten, die bestanden, zu nutzen versuchte.

VI.

Orden und Berufe der Kirche

Der Orden der *Benediktiner* (Ordo Sancti Benedicti = OSB) spielte in unserem Land in den ersten christlichen Jahrhunderten eine große Rolle. Noch heute gibt es beachtliche Bauten dieses Ordens aus jener Zeit, so in Groß-Ammensleben (kath.), Hadmersleben (kath.), Hillersleben (ev.), Nienburg (ev.), Huysburg (kath.).

Der Besuch auf der Huysburg ist eine Begegnung mit dem Geist und der Kraft benediktinischen Lebens. Nicht nur Kirche und Klosteranlage geben in ihrer Schlichtheit und Geschlossenheit einen guten Einblick in Geschichte und Gegenwart dieses alten Ordens, sondern ein Gang in die Klostergeschichte läßt diese große Vergangenheit sehr lebendig werden. Der Innenraum wirkt in seiner romanischen Architektur geschlossen, stark durch seine im Baustil grundgelegte Struktur. Die barocke Ausstattung des 17./18. Jahrhunderts läßt vieles von der Offenheit und Fröhlichkeit dieses Stiles erkennen. Wer in dieser Kirche sich umschaut, kann gut nachempfinden, wie fast 800 Jahre hier das Chorgebet der Mönche verrichtet wurde und auch nach der Neubesetzung im Jahre 1972 wieder zum täglichen Ablauf gehört.

Im linken Seitenschiff dieser Kirche gibt es seit 1984 das neue Hochgrab des Gründers dieses Klosters, des seligen Ekkehard von der Huysburg. Bis zur Errichtung dieses Hochgrabes war die ursprüngliche Grababdeckung, eine kunstvoll bearbeitete Steinplatte, mit einer einfachen, aufklappbaren Holzabdeckung versehen. Von dieser Steinplatte machten die Gebrüder Winkelmann aus Günne/Möhnesee einen Wachsabdruck und erarbeiteten danach die Bronzekopie, die das Grab heute abdeckt. Sie zeigt den Gründer im Ornat mit Stab und Mitra. Die Umschrift dieser Platte ist auf der Stirnseite des Hochgrabes in deutscher Übersetzung wiedergegeben: Hier ruht der selige Ekkehard, erster Abt des Benediktinerklosters auf der Huysburg. Er starb am 28. 5. 1084, vom Volke hochgeehrt, durch zahlreiche Wunder berühmt. Er wird bleiben, was er war: Fürsprecher und Helfer in allen Nöten. Seliger Ekkehard, bitte für uns.

Dieses Grab erinnert uns an die Anfänge des Klosters. Zwei fromme Einsiedlerinnen, Pia aus dem Stift Quedlinburg und Adelheid aus dem Gandersheimer Stift, begannen in der Vorgeschichte des Klosters mit einem Gott geweihten Leben auf dem Berg. Noch heute sind die Reste ihrer Einsiedelei an der Umfriedung auf der Wallfahrtswiese zu sehen. Die Mönche Thiezelin und Meinold aus dem Kloster Berge bei Magdeburg gaben diesem Beginn die erste benediktinische Ausrichtung und konnten Ekkehard bewegen, gleichfalls das Kleid des hl. Benedikt anzulegen. So entstand die erste klösterliche Gemeinschaft auf der Huysburg, die durch Abt Bernhard vom Kloster Berge ihre Gutheißung fand. Das Doppelkloster hatte bis nach 1400 Bestand. Noch Mitte des 18. Jahrhunderts hat Ekkehards Kapelle ad S. Sixtum „im zweiten Obstgarten an der Ringmauer" bestanden. Thiezelin leitete das Kloster in geistlichen Dingen, da er als Mönch die größte Erfahrung hatte, Ekkehard sorgte sich um die äußeren Angelegenheiten, bis er 1081 erster Abt des Klosters wurde. Der zweite Abt Alfred, Mönch von Ilsenburg, leitete 49 Jahre die Abtei. Die Zahl der Brüder wuchs, das klösterliche Gut mehrte sich. Es gab in der Geschichte des Klosters viele gute, vom klösterlichen Geist erfüllte Äbte neben anderen, denen die Klosterregel nur wenig bedeutete.

Ernste Schwierigkeiten machten schon früh die sogenannten Klostervögte, die ihr Schutzamt zur eigenen Be-

reicherung mißbrauchten. Abt Ulrich (1334-1336) suchte die Verschwendung und den sittlichen Verfall zu stoppen. Abt Theoderich (1448-1483) schloß Huysburg an die Bursfelder Kongregation an, die eine kräftige Reform einleitete. Im Bauernkrieg (1525) brachte eine dreitägige Feuersbrunst fast die völlige Vernichtung. Die Huysburg verlor durch Austritte und Abfälle bis zum Ende des Dreißigjährigen Krieges ihr früheres Ansehen. Erst die Äbte Heinrich (1598-1633) und Sebastian (1644-1676) brachten wieder Ordnung und Aufschwung ins Kloster. Von außergewöhnlicher Bedeutung wurde Abt Nikolaus von Zitzewitz (1676-1704). Ein großes Epitaph im rechten Querschiff erinnert an ihn. Wie Christus einst den Lazarus vom Tode erweckte, so erscheint Abt Nikolaus von Zitzewitz in der Gestalt des Lazarus als der, der das Kloster durch Christi Machtwort wieder ins Leben zurückbrachte. In den Geschichtsquellen heißt es von ihm: „Vornehm nach seiner Herkunft, vornehmer durch seine Wirksamkeit!" Er ordnete die zerrütteten Verhältnisse Huysburgs und konnte das Einkommen der Abtei wieder erhöhen. Er wurde Kurfürstlicher Landrat im Fürstentum Halberstadt, brachte durch sein überzeugendes Gebetsleben den Ordensgeist wieder zu Ehren, nahm 37 Aufnahmen ins Kloster vor, vereinigte das Kloster Minden mit Huysburg. Er strebte nach guten Beziehungen im Geiste der Wiedervereinigung im Glauben.
Eine Quelle ständiger Bedrängnisse war der Anspruch der brandenburgisch-preußischen Landesherren. Sie strebten nach Überwachung der Wahl der Oberen durch staatliche Kommissare an, gegen die der Konvent sich über Jahrzehnte hin wehrte. Visitationen und Kontributionen, militärische Einquartierungen auf den Klosterhöfen überforderten auch das Kloster Huysburg. König Friedrich Wilhelm I. (1713-1740) legte in den sogenannten „Repressalien und Retorsionen" außergewöhnliche Steuern

den Klöstern auf als „Entschädigungen" für wirkliche oder vermeintliche Ungerechtigkeiten durch katholische Obrigkeiten eines Landes gegen ihre protestantischen Untertanen. Weiter versuchten die Preußen, für die Katholiken einen „Vicarius in spiritualibus" ohne den Papst, aber in Abhängigkeit vom Landesherren, zu bestellen. Abt Matthias (1723-1733) kam dabei in heftige Konflikte.

Zur Zeit des Siebenjährigen Krieges (1756-1763), des Josephinismus (1765-1790) und der Französischen Revolution (1789) regierten die letzten Äbte von Huysburg. Sie mußten sich weiter gegen die staatlichen Visitationen zur Wehr setzen, konnten die großen Belastungen aber nicht mehr abwenden. In diese Zeit fiel auch die barocke Umgestaltung vieler Kirchen, die erhebliche Kosten verursachte. So wurde auch die Klosterkirche der Huysburg umgebaut und neu eingerichtet, das „neue Gebäude" unter Abt Arnold 1746 erbaut als Gästehaus mit 24 Zimmern und zwei Sälen (Kaisersaal, Jagdsaal). Die Kirche war mit 21 Altären ausgestattet, im Klosterbereich gab es 13 Kapellen. Die Bibliothek war im Oberstock des Mittelgebäudes untergebracht mit rund 4 000 Büchern und einigen hundert Manuskripten.

Der letzte Abt Isidor Hagspiel (1796-1804) war ein gelehrter und tugendhafter Mönch. Die Zahl der Eintritte ins Kloster, darunter vieler aus den westlichen Landesteilen, stieg wieder an. Von 1804-1809 stand das „neue Gebäude" leer und drohte zu verfallen. 1809 holte van Eß als „Verwalter" des Klostervermögens und erster Pfarrer der Kirche der Huysburg elf aus ihrem Kloster in Egeln-Marienstuhl vertriebene Zisterzienserinnen in dieses Haus.

Dem General von Knesebeck wurde ein erheblicher Teil des alten Klosterbesitzes, wie es in der Säkularisation üblich war, zugesprochen und ging der Kirche verloren.

Markante Teile wie das Abtshaus wurden abgerissen. Den Pfarrern der Pfarrei Huysburg, anfangs ehemalige Benediktiner, wurden freie Wohnung und Garten zugesichert. Die Gemeinde wurde rechtlich Eigentümer dieses verbliebenen Klosterbesitzes. Der sehr umfangreiche Besitz aus ungefähr 30 Ortschaften wurde vom Staat enteignet gegen eine Minimalzahlung an die Kirche in Form einer Jahresrente.

Damit war eine lange und gute Entwicklung abgebrochen worden. In der Absicht der Enteigner blieb das eine für sie endgültige Entscheidung. Doch in der Kirche lebte der Wunsch weiter, über die Orden das kirchliche Leben auch in der Neuzeit zu intensivieren und zu bereichern. So ergab sich für mich eine gute und überraschende Gelegenheit, Pfarrer Alfred Göbel, Görlitz, der als Oblate der Benediktiner seinen Weg in den Orden über das Kloster Tyniec/Polen gefunden hatte, auf der Suche nach einem geeigneten Kloster zu begegnen. Er dachte daran, mit Gefährten – vorläufig einem – diesen Weg in die Gemeinschaft zu finden. Ich zeigte ihm das ehemalige Kloster Huysburg und fand bei dem damaligen Pfarrer der Gemeinde Huysburg, Johannes Schirpenbach, eine eindeutige Bereitschaft, Pfarrhaus und Gemeinde zurück in die Hände von Benediktinern zu geben. Mit großer Freude ging dann auch Abt Placidus Galinsky, Tyniec, mit mir auf den Berg. Ich höre ihn noch sagen als Bestätigung für einen guten Plan, der seine Zustimmung fand: „Der hl. Benedikt liebt die Berge“, also sind wir richtig hier! Er stand in der alten Klosterkirche, atmete die Luft von Vertrautem, zählte die über 30 Plätze im Chorgestühl und nickte zustimmend zum gemeinsamen Vorhaben. Und so begann benediktinisches Leben nach 168 Jahren mit einer feierlichen Eröffnung am Fest Kreuzerhöhung, am 14. September 1972.

Die Cella Benedictina startete mit zwei Mann, einem

Mönch, einem Kandidaten. Das Wachstum war mühsam, von manchen Rückschlägen betroffen, Zugänge waren selten, Abgänge erschütterten immer wieder die Entwicklung. Die Erhebung der Cella zum Priorat St. Marien 1984 stärkte den kleinen Konvent, der 1990 aus 10 Professen und zwei Kandidaten bestand.
Nach der Wende war nach vielen Jahren vergeblicher Bemühungen der Rückerwerb des ehemaligen Klosterbesitzes durch den Bischof in Magdeburg möglich (1992). Die Gläubigen des BAM haben die Huysburg längst als ihren Marien-Wallfahrtsort angenommen und rechnen mit „ihren Benediktinern".
(Zur Ergänzung siehe: Braun, Gelebter Glaube, Ein Magdeburger Heiligenbuch, Benno-Verlag, 1988.)

Der Orden der *Franziskaner* (Ordo fratrum minorum OFM, „Minderbrüder") hat nach den Benediktinern (OSB) die längste Tradition unter den noch heute tätigen Ordensleuten im BAM.
Schon zu Lebzeiten des Ordensgründers, des hl. Franziskus von Assisi, waren die ersten Franziskaner auf Wunsch von Klerus und Volk nach Halberstadt gekommen (1223). Dort erbauten sie schon bald nach 1300 ihre St.-Andreas-Kirche und das Kloster. Es war eine dreischiffige gotische Hallenkirche, die beim Bombenangriff 1945 bis auf die Umfassungsmauern abbrandte. Im Juli 1950 begannen Pfarrer Pater Innozenz Weber, Brüder und Gemeindeglieder mit den Aufräumungsarbeiten, im Oktober 1951 wurde der wiederaufgebaute Chor der alten Kirche eingeweiht und für den Gottesdienst genutzt. Die übrige Kirche blieb Ruine und wartete auf den Wiederaufbau, für den die erforderlichen Mittel aber nur schwer zu beschaffen waren, da eine „nüchterne" Rechnung diesen Plänen im Wege stand: In der Nachbarschaft gab es St. Katharinen, die aber „genüge" für beide alten Ge-

meinden! Doch es gab keine Ruhe, zumal auch der Verfall der Kriegsruine hohe Mittel zur Sicherung verlangte. Im Mai 1981 wurde mit dem Wiederaufbau zaghaft und mit sehr unsicheren Schritten begonnen, da die Beschaffung der Mittel, für die ich zumeist zuständig und aufgefordert blieb, viele Mühen machte. Am 6.Oktober 1985 konnte ich dann die Weihe der Kirche vornehmen. Ein freier Innenraum – man hatte auf Säulen und Gewölbe verzichtet, schuf einen sakralen Raum, in dem auch optisch ein großer Altarraum den Mittelpunkt bildete. Die Gebeine des hl. Burchard, Bischof von Halberstadt (1036 bis 1059), wurden in einem Schrein unter dem Hochaltar feierlich beigesetzt und der Verehrung freigegeben. Das „Burchardifenster" an der linken Stirnseite des Langschiffs stellte das Leben des Ortsheiligen dar. In meiner Predigt nannte ich die Gründe für den Aufbau der Kirche: Er geschah „zur Ehre Gottes und um der großen und guten Tradition willen, die mit dieser Kirche und dem Orden der Franziskaner verbunden ist, und um der Gemeinde die alte Heimat wiederzugeben" (siehe Gelebter Glaube, S. 58ff.). Damit konnte nun auch kirchlich-pastoral eine lange Vergangenheit weiterleben und neue Kräfte entfalten.
Die Franziskaner in Halberstadt hatten als letzter Konvent der Sächsischen Ordensprovinz in der Reformationszeit und danach harte Kämpfe zu bestehen. Mehrfach vertrieben, waren sie immer wieder nach Halberstadt zurückgekehrt und waren so zum Mittelpunkt der Halberstädter Katholiken und des bedrohten Umfeldes geworden. Ihren Wirkungskreis dehnten sie über Magdeburg, Halle bis nach Berlin aus. Ihren Nachwuchs holten sie wie die anderen Klöster aus Westfalen (Paderborn), den Bistümern Hildesheim, Osnabrück und Köln.
Einen zweiten Schwerpunkt ihrer seelsorglichen Arbeit schufen sich die Franziskaner in Halle/Saale. Alle Versu-

che, nach der Vertreibung 1564 wieder in diese Stadt zurückzukehren, waren gescheitert. Erst mit der Gründung der katholischen Mission konnten sie von Halberstadt aus unter Pater Markus Verkühlen 1712 in Halle festen Fuß fassen. Ab 1723 konnte er „mit königlicher Erlaubnis" öffentliche Gottesdienste halten. Katholische Studenten und Soldaten gehörten in der Frühzeit zur Gemeinde. Von hier aus erweiterten die Franziskaner ihre Tätigkeit auf die weitere Umgebung (Alsleben, Delitzsch, Eisleben, Mansfeld). Die heutige Pfarrei Dreieinigkeit ist starker und lebendiger Mittelpunkt einer umfangreichen pastoralen Arbeit. Immer wieder berichten die Pfarrakten, wie ungestüm und allen Widerständen zum Trotz die Arbeit der Franziskaner sich segensreich ausweitete, so auf Dessau, Wittenberg, Zerbst, Köthen, Bernburg.

Die Franziskaner in Magdeburg mußten mit den Dominikanern schon 1534 die Stadt verlassen. Sie kamen immer wieder zur seelsorglichen Betreuung der tapfer aushaltenden Zisterzienserinnen von St. Agnes in der Neustadt und der Militärgemeinde nach Magdeburg.

In Aschersleben bestand seit der Mitte des 13. Jahrhunderts ein Franziskanerkloster, das eine frühgotische Kirche als Bruchsteinbau besaß. Sie lag am Markt und hat als „Marktkirche" die Erinnerung an die franziskanische Vergangenheit stark in den Hintergrund gedrängt. Nach der Vertreibung der Ordensleute übernahm die evangelische Kirche, seit 1699 die reformierte Gemeinde, die Kirche. Die katholische Gemeinde besaß in der St.-Michaels-Kirche ein kleines Gotteshaus, das schon lange den pastoralen Anforderungen in dieser Stadt nicht mehr genügte. So konnte ich Mitte der 70er Jahre den Kauf mit der reformierten Gemeinde vereinbaren, die Kirche gründlich renovieren und am 14. 10. 1979 auf den Titel zum Hl. Kreuz konsekrieren. Damit lebte der alte Titel der Ordensprovinz zum hl. Kreuz wieder auf.

Die pastorale Tätigkeit der Franziskaner geht auch heute für das BAM unvermindert von ihren Klöstern in Halberstadt und Halle aus. Das gilt nicht nur für die Arbeit in ihren Gemeinden, sondern auch für manche überpfarrlichen Aufgaben.
Von den anderen alten Orden gibt es nur noch Erinnerungen, kein aktives Leben mehr.
Die Dominikaner hatten ein bedeutendes Kloster bei St. Katharinen und Barbara in Halberstadt. Die Patres zogen aus diesem Kloster weit über die sächsische Diaspora hinaus nach Berlin und in die Stammlande der brandenburgisch-preußischen Monarchie. Sie waren „kaiserliche Gesandtschaftskapläne" zwischen 1680-1720 und versorgten in ca. 70-80 Standorten die katholischen Soldaten. Feste Militärmissionen entstanden in Berlin, Potsdam, Spandau, Magdeburg und Stettin. P. Raimundus Bruns aus dem Halberstädter Konvent war von 1731-1742 Standortpfarrer in Potsdam, verfaßte die „Jahresberichte des Halberstädter Konventes" mit einer Darstellung der preußischen Militärmission von 1723-1760. An dem Zustandekommen der Berliner St.-Hedwigs-Kathedrale haben die Dominikaner verdienten Anteil.
Die Prämonstratenser haben über Jahrhunderte in Magdeburg und im damaligen Erzbistum eine bedeutende Rolle gespielt. Unter dem hl. Norbert, 13. Erzbischof von Magdeburg (1126-1134), wurde das Kloster Unserer Lieben Frau in Magdeburg nach Prémontré zum zweiten Mutterkloster und Mittelpunkt des monastisch geprägten Seelsorgeordens der Prämonstratenser. Tapfer wehrten sie sich gegen den Ansturm der Reformation, bis sie doch 1598 unterlagen. Nach einer kurzen Wiederbesiedlung 1629-1632 mußten sie Magdeburg verlassen. Versuche zur Rückkehr gab es in den letzten Jahren vor der Wende. Meine guten Kontakte mit deutschen, tschechischen, holländischen und belgischen Prämonstratensern und

ihrem Generalat in Rom ließen solche Pläne reifen. Die tschechischen Ordensleute wären gern nach Magdeburg gekommen, detaillierte Pläne für eine Ansiedlung in der Stadt gab es schon. Aber die totale Sperre, das absolute Nein von tschechischer wie deutscher Seite stoppten schon alle Versuche.
Manche gegenseitigen Besuche in Magdeburg und Prag haben gute Kontakte hergestellt, auch manche Hilfen möglich gemacht. Eine gute, holzgeschnitzte Figur des hl. Norbert wurde anläßlich der Erhebung Norberts zum Patron Magdeburgs (1982) von den Prämonstratensern mir zum Geschenk gemacht. Im Lande gibt es noch manche steinernen Zeugen der norbertinischen Vergangenheit, so das Kloster Unserer Lieben Frau in Magdeburg, das in den 70er Jahren mit großem Aufwand restauriert wurde und trotz erheblicher Verfremdung (Kirche als Konzertsaal) einen guten Eindruck vermittelt. Die Stiftskirche Wiperti in Quedlinburg ist von uns 1955/56 instand gesetzt worden und wurde von der Pfarrei übernommen. Als kulturhistorisches Denkmal, nicht mehr kirchlich genutzt, stehen auf der Höhe vor Leitzkau Kirche und umgebaute Teile des Klosters, das vom hl. Norbert gegründet und von Magdeburg aus besiedelt worden ist.
Die Zisterzienser haben vor der Reformation in vielen Klöstern gelebt und gearbeitet. Ein Versuch, gegen Ende des zweiten Weltkrieges in der St.-Agnes-Gemeinde in Magdeburg-Neustadt wieder Fuß zu fassen, blieb ohne Erfolg.
Die „Olper" Franziskanerinnen haben in ihrer sozial-karitativen Arbeit eine breite Wirkung gehabt. In Oschersleben/Bode hatten sie bis zur Wende ihr Provinzialat und Noviziat für den Bereich der DDR. Über viele Jahre war der Nachwuchs beachtlich und der schwesterliche Geist erfreulich. Sie unterhielten Kinderheime, Kindergärten und Altersheime u. a. in Oschersleben, Bad Liebenwerda und Schönebeck und waren auch in der Seelsorge tätig.

Die Jesuiten (Societas Jesu = SJ) haben mehrfach versucht, wieder Stellung in der Diaspora zu beziehen. Die Missionsgründung in Zeitz ging bereits 1720 wieder ein, die Niederlassung in Magdeburg, St. Petri, wurde 1983 aus Mangel an Nachwuchs aufgegeben.

Die Fokolare-Bewegung hat sich eingerichtet und seit 1974 in Gruppen bei Priestern und Gläubigen eine größere Anhängerschaft gefunden. Die besondere, dauernde Nähe zu Christus („Wo zwei oder drei in meinem Namen versammelt sind, da bin ich mitten unter ihnen", Mt 18,20) ist für sie Anlaß zu einer vertieften Christusfrömmigkeit und zu einer bewußt gelebten Brüderlichkeit. Regelmäßige Treffen sollen das auch erfahrbar unterstreichen. Als „Werk Mariens" stellen sie ebenso ihre Marienverehrung heraus. Ursprünglich war sie eine Laienbewegung in der Kirche, die sehr bald aber auch die Priester mit einbezog. Seit 1983 gibt es ein Frauen-Fokolare in Magdeburg.

Die Kongregation der Schwestern von der hl. Elisabeth, vom Volk „Graue Schwestern" genannt, unterhielten ausgezeichnete und allgemein anerkannte Krankenhäuser in Halle, St. Elisabeth und St. Barbara mit Kranken- und Kinderkrankenpflegeschulen, und in Magdeburg das St.-Marien-Stift, Krankenhaus mit ambulanter Station. Altersheime, Kindergarten, ambulante Krankenpflege gab es in Halberstadt, Haldensleben und in Magdeburg. Diese Grauen Schwestern haben durch ihre fachkundige und selbstlose Arbeit selbst in den Jahrzehnten des Sozialismus das Ansehen der Kirche im Volk bis in die Partei- und Funktionärskreise sehr gefestigt und keinem Hilfe versagt, der sie brauchte und erwartete, was weithin auch anerkannt wurde.

Die Armen Schulschwestern von Unserer Lieben Frau kamen aus Breslau als Vertriebene und haben sich voll eingesetzt in verschiedenen Bereichen der Kirche in der DDR. So haben sie die Aufbauarbeiten des Norbertuswerkes kräftig begleitet und das Haus bis zu ihrem Fortgang 1980 entscheidend mitgeprägt. In der Seelsorge der Gemeinden Bernburg und Gröningen haben sie viele Jahre mitgearbeitet.

Die Karmelitinnen betreuten viele Jahrzehnte hindurch in Halberstadt debile Kinder, unterhielten einen Kindergarten, ein Alters- und Pflegeheim. Ihre umsichtige und frohe Art hat Zeiten großer Mängel und Widerstände gut gemeistert.

Die Nazarethschwestern vom hl. Franziskus, vom Volk „Goppelner Schwestern" genannt, haben die Wirtschaft im Priesterseminar auf der Huysburg geleitet und immer ein offenes Haus für zahlreiche Besucher gehabt (1952-1992).

Die Barmherzigen Schwestern vom hl. Vinzenz von Paul, vom Volk „Vinzentinerinnen" genannt, hatten ihr Noviziat und Kindergarten in Helbra,
die Marienschwestern von der Unbefleckten Empfängnis ein Altersheim in Zeitz,
die Dernbacher Schwestern arbeiteten bis 1985 in Magdeburg-Neustadt.

Die Schönstätter Marienschwestern hatten im BAM ein breites Arbeitsfeld in Magdeburg, Bitterfeld, Eilenburg, Kirchmöser, Weißenfels und Wittenberg. Sie unterhielten Alten- und Pflegeheime, Kindergärten und waren in der Seelsorge tätig. In Wittenberg bauten sie eine weit über die Grenzen der Stadt anerkannte Frauen- und Entbin-

dungsklinik auf. Das Erholungsheim in Brandenburg-Kirchmöser war ein begehrter Platz für Gemeinden und kirchliche Mitarbeiter. Seit 1983 haben die Schönstatt-Patres (Institutum Schönstattense ISCH) mit einem Pater die Seelsorge und Schönstatt-Arbeit in St. Petri in Magdeburg übernommen.
Aus der Erziehungsarbeit der Pallottiner (J. Kentenich) in Schönstatt hervorgegangen (1919), will das Schönstatt-Werk den Apostolatsgedanken in weiteste Kreise tragen. Schutzherrin ist Maria, die Königin der Apostel. Es gehören zum Werk der Apostolische Bund und die Liga, ferner unter eigener Leitung die Verbände (Säkularinstitute) der Marienschwestern, die Frauen von Schönstatt, Marienbrüder sowie die Schönstatt-Priester. Die Spiritualität des Schönstatt-Werkes möchte der vielfältigen Gefährdung des modernen Menschen begegnen.
Besonders eindrucksvoll war die pastoral-soziale Tätigkeit der Marienschwestern in vielfältigen Aufgabenbereichen (s. o.), die auffallend solidarische und seelsorglich verantwortete Tätigkeit der Schönstatt-Priester, die wachsende Teilnahme in Pfarrgemeindegruppen, die Gruppe der Bundesschwestern mit ihrem Mittelpunkt in Quellendorf am Rande der Dübener Heide und seit 1983 auch der Stützpunkt der Schönstatt-Patres in Magdeburg, St. Petri. Eine meist latent geübte Kritik an der Schönstattbewegung und ihren Organisationen infolge geringer Kenntnis und einer starken Zurückhaltung ihrer Mitglieder auch in der kirchlichen Öffentlichkeit haben mich mehrfach veranlaßt, vor allem den Marienschwestern zu sagen, sie sollten „ihr Licht nicht unter den Scheffel stellen" (Mt 5,15). Sie haben einen guten und festen Standort in der Kirche, der auch öffentliche Anerkennung verdient!
Eine kleine Gruppe von Apostolatshelferinnen stellt sich seit Jahren der pastoralen Arbeit in den Gemeinden zur Verfügung.

An die Spitze dieses Kapitels stelle ich Amt und Tätigkeit des (Diözesan-)Priesters. Er ist der originäre Beruf der Kirche und geht auf Jesus selbst zurück (Einsetzung, Beauftragungen), durchläuft eine wechselvolle Geschichte, bleibt aber in seinen wesentlichen Bestimmungen unverändert. Seine hohe Anpassungsfähigkeit an die wechselnden Bedingungen und Erfordernisse von Gemeinde und Gesellschaft haben ihn auch für die vierzigjährige Wüstenwanderung mit dem Volk Gottes durch die Wüste DDR gut gerüstet.

Bis 1952 gab es für den „Erzbischöflichen Kommissar" Weihbischof Dr. Rintelen in Magdeburg, noch die Möglichkeit, Theologen aus Paderborn in die mitteldeutsche Diaspora zu holen. Dann wurde durch die starke Abgrenzung der DDR vom Westen ein solcher Zugang unmöglich. So mußte der Weg zu einer eigenen Priesterausbildung gefunden werden. Weihbischof Weskamm, Magdeburg, hatte das Sebastianeum gegründet für Jungen, die von diesem Internat aus in Magdeburg auf die öffentlichen Schulen gingen, um dort das Abitur zu machen als Voraussetzung für die Aufnahme des theologischen Studiums, das 1952 seinen Betrieb in Erfurt aufgenommen hatte. Weihbischof Rintelen gründete 1952 das Norbertuswerk in Magdeburg, das Handwerker, Männer aller Berufe, zum Abitur führen sollte.

Das Hochschulstudium in Erfurt hatte bald ein hohes Niveau erreicht und konnte allen Anforderungen gut entsprechen. Obwohl die Regierung der DDR das preußisch-deutsche Konkordat nie anerkannt hat, galt es für die Kirche selbst in ihrer inneren Struktur wie in Fragen der Ausbildung fast uneingeschränkt. Die Priester in den Bistümern und Jurisdiktionsbezirken der DDR unterstanden ihren zuständigen Bischöfen, was Anstelllung und Besoldung betrafen und hatten als „kanonische Pfarrer" die Verantwortung für ihren Seelsorgebereich, unterstützt durch Hilfsgeistliche (Vikare, Kapläne). Für alle – Bischöfe, Priester – galt verbindlich das kirchliche Recht (CIC 1983).

Das diözesane Presbyterium hat – durch die politischen Verhältnisse in der DDR in besonderer Weise gefordert – eine außergewöhnliche Geschlossenheit gezeigt. Alle Versuche, sie von außen aufzubrechen, wie das in der CSSR gelungen war, sind gescheitert. Innerkirchliche Spannungen haben den gemeinsamen Weg gelegentlich in Gefahr gebracht.

Priester spielten in Verwaltung, Aufbau und Leitung von Seminaren, Bildungshäusern, Diözesen übergreifenden Einrichtungen eine wichtige Rolle. Ihre Hauptaufgabe blieb die Pastoral in den Gemeinden, die für die kirchliche Entwicklung bestimmend blieb.

Von Bedeutung wurde das Amt des Ständigen (verheirateten) Diakons.

Als wir nach dem Zweiten Vatikanischen Konzil (1962 bis 1965) auch im BAM mit der Ausbildung zum Ständigen Diakon begannen, wurden Männer mit längerer Berufstätigkeit, Eignung und pastoraler Neigung für diesen Weg gewonnen. Einer zweijährigen Ausbildung schloß sich eine halbjährige Seminarzeit und ein praktisches Halbjahr an, um dann als hauptamtlicher Diakon in einer Gemeinde tätig zu werden. In sechs aufeinanderfolgenden Kursen belief sich 1990 die Zahl auf 30 in vollem Dienst stehende Männer. Die bis zur Wende bestehenden Einschränkungen machten eine nebenamtliche Tätigkeit unter Beibehaltung des alten Berufes unmöglich. Die Erfahrungen im BAM waren im ganzen positiv und eine echte Hilfe und Bereicherung in der pastoralen Arbeit.

Von besonderer Bedeutung für das BAM und alle Bistü-

mer und Jurisdiktionsbezirke der DDR wurde die Gründung und der Ausbau unseres Seelsorgehelferinnen-Seminars in Magdeburg.
Seit 1948 hat Prälat Martin Fritz in Magdeburg dieses Seminar in der Oststraße (später Roncalli-Haus) geleitet und ist mit ihm 1978 in den Neubau beim Marienstift umgezogen. Eine gute wissenschaftliche Ausbildung in allen pastoralen Fächern, eine begleitende ganzheitliche Lebensführung, gestützt durch eine deutliche Liebe zur Kirche, haben diese Frauen über vier Jahrzehnte zu einem unerläßlichen Faktor der Stabilität in der bedrängten Kirche, gemacht. Ich habe vor dieser Kommunität wie auch in den Raum der DDR hinein – alle Bistümer und Jurisdiktionsbezirke schickten ihre Kandidatinnen nach Magdeburg – den hohen Wert dieses Berufes betont und war an einer guten und kontinuierlichen Entwicklung sehr interessiert. Die vorbehaltlose Bereitschaft, ihr Leben und ihre Kraft in den Dienst ihrer Kirche zu stellen, waren so überzeugend, daß die Gemeinden nicht nur dankbar ihre Arbeit vor Ort (Kinder, Jugendliche, Frauen- und Mädchengruppen, Alte und Kranke u. a.) anerkannten, sondern auch vor mir immer wieder den Wunsch nach einer Seelsorgehelferin artikulierten. Die guten Erfahrungen haben mich schon Ende der 70er Jahre veranlaßt, Seelsorgehelferinnen auch in Stellen zu schicken, die keinen eigenen Priester mehr hatten. Sie haben in bereitwilliger Zusammenarbeit mit dem Nachbarpriester die meisten der ihnen möglichen Arbeiten gut verrichten können.
Es war eine rein kirchliche Ausbildung, der Staat nahm keinen Einfluß auf Ausbildung und Tätigkeit. Mit der Wende hat sich die Situation grundlegend geändert. Im ganzen konnte am Konzept der pastoralen Ausbildung festgehalten werden. Aber in Angleichung an (west-)gesamtdeutsche Strukturen wurden sie zu „Pastoralreferentinnen“. In die Ausbildung wurden Männer mit dem glei-

chen Berufsziel aufgenommen und die bisherige geschlossene Ausbildung aufgelockert. Auch die äußere Ordnung wurde den westlichen Verhältnissen angeglichen. Für die einen war es das betrübliche Ende einer guten Epoche, für die anderen der Beginn von etwas ganz Neuem.
Kindergärtnerinnen wurden für die eigenen Einrichtungen in Michendorf bei Potsdam ausgebildet und über die Caritas in den einzelnen Jurisdiktionsbezirken eingesetzt. Die Ausbildung als Krankenschwester fand in Halle, Elisabethkrankenhaus, als Kinderkrankenschwester in Halle, Barbarakrankenhaus, statt. Für diese Ausbildung gab es auch die staatliche Anerkennung.
Weitere Sozialdienste waren die Tätigkeiten in der Fürsorge (ohne staatliche Anerkennung), in der Heimleitung und dem Einsatz in der Gefangenen- und Suchtbetreuung. Das Seminar in Magdeburg, Klausenerstraße, hat viele Jahre hindurch die Ausbildung durchgeführt. Nach der Wende wurde es nach Berlin verlegt und erhielt damit auch die staatliche Anerkennung.
In unseren Aspiranturen wurden junge Mädchen und Frauen, meist unter der Leitung von Schwestern (Marienschwestern), über ein Jahr hin mit der Hauswirtschaft vertraut gemacht und in parallel dazu verlaufenden Kursen auf den in Aussicht genommenen Beruf in der Kirche vorbereitet.
Das sozialistische Schulsystem kannte die zehnklassige Oberschule (OS) und die mit einer 11. und 12. Klasse ausgestattete Erweiterte Oberschule (EOS) mit dem Abitur als Abschluß zur Aufnahme eines Studiums an einer Universität oder ihr gleichgestellten Hochschule. Die gleichzeitige Ausbildung für einen von der Industrie oder Landwirtschaft gestützten Beruf war an den Schulen Pflicht (Polytechnischer Unterricht). Die Erfahrung zeigte bald, daß die so laufende Berufsausbildung schon mittle-

ren Ansprüchen nicht genügte. Ebenso ungenügend war auch der andere Weg, mit einer von einem Großbetrieb getragenen Berufsausbildung die Erlangung des Abiturs zu verbinden. Diese beide Wege waren bei den stets höheren Ansprüchen in Studium und Industrie entscheidend für den stets schlechter werdenden Leistungsdurchschnitt der jungen Menschen.

Wir hatten als Kirche keinen Einfluß auf die Ausbildung der Lehrkräfte an den Schulen und Instituten und suchten, wenn wir Lehrkräfte für unsere Ausbildungshäuser nötig hatten, vom „Reservoir" der Universitäten und Hochschulen zu leben. So habe ich über fast 20 Jahre hin als Leiter des Norbertuswerkes diese Kräfte gesucht und gefunden. Am Anfang war dieses Reservoir reichlich und gut gefüllt. Das blieb auch so in den naturwissenschaftlichen Fächern (Mathematik, Physik, Chemie), wurde aber schon sehr dünn im Fach Biologie wegen seiner ideologischen Befrachtung, fiel so gut wie ganz aus für Deutsch und Geschichte, konnte mit Erfolg über Jahre hin auch noch für die Fremdsprachen Latein, Englisch und auch Griechisch abgedeckt werden.

Für Deutsch und Geschichte mußte ich ein eigenes Nachstudium in Literatur und Einsichtnahme in westliche Lehrbücher voraussetzen, was bei der „alten Garde" unserer Lehrer ohne Einschränkung durch ihr früheres Studium gegeben war. Die Ausbildung im Norbertuswerk war so gut, daß Abiturienten leicht ihre Anerkennung in der BR fanden, soweit sie noch rechtzeitig die DDR verlassen konnten. Unmittelbar nach der Wende erhielt ich vom Kulturministerium in Berlin die ständige Anerkennung des Abiturs im Norbertuswerk (1990).

Die Berufe der Kirche hatten zwar in der Öffentlichkeit keine breite Basis und boten nur selten einen guten Start für eine öffentliche Karriere in der DDR, aber für viele boten sie doch eine echte berufliche Erfüllung und befreiten in der Regel auch von dem ideologischen Druck einer durch Partei und Staat reglementierten Ausbildung und Tätigkeit.

VII.
Es geht ums Überleben
Angriffe auf Grundrechte der Kirche 1949-1969

Besondere Merkmale der Diasporakirche waren die häufigen Bestrebungen, den Nachbarn im Glauben und in der Kirche auf sich aufmerksam zu machen, eine Verbindung zu ihm herzustellen und aus dieser Kontaktnahme für sich selbst und seine Arbeit nützliche Impulse zu beziehen. Das schuf in der Regel ein beachtliches Maß an Vertrautheit miteinander. Über die Grenzen des eigenen Bistums war man einander bekannt, traf sich bei gemeinsamen Veranstaltungen, nahm gern Einladungen an, nahm manche Mühen in fremden Quartieren, in ungewohnter Umgebung auf sich, um dabeizusein. Dieser „innerkirchliche Tourismus" sprengte die durch das sozialistische System verhängte und scharf durchgeführte Isolierung in einem auch geistig verarmten Raum. Viele waren sich klar, daß diese Abgrenzung auf Dauer vom Staat nur durchgehalten werden konnte, selbst unter Einsatz aller Machtmittel, die in den Händen der Sozialisten lagen, wenn das Volk, die Kirche in der DDR vor dieser Gewalttätigkeit kapitulierte. Das aber taten sie nicht, wie im besonderen die katholische Kirche die Angriffe auf die Grundrechte der Kirche zwischen 1949-1969 oft und eindeutig abwehrte.
In den 50er Jahren sah es oft so aus, als habe das sozialistische System mit seiner Strategie der Abdrängung Erfolg. In großen Illusionen lebte der politische Apparat, machte dem Volk Versprechungen, deren Erfüllungen er mit lässiger Pose in eine ungewisse Zukunft schob und dabei einen Glauben verlangte von fast religiöser Qualität!

Aus kurzsichtigen, oft vom Opportunismus geprägten Motiven gingen westliche Politiker ihren Weg nach Ost-Berlin. Schon kurz nach dem Bau der Mauer (1961) nahm die Zahl der Länder, die ihre Botschaften in Ostberlin errichteten, beträchtlich zu und erreichten Anfang der 70er Jahre ein Ausmaß an „Anerkennungen" auf dem diplomatischen Parkett, daß sich die DDR im „Weltmaßstab" als starker und allgemein anerkannter, souveräner Staat bestätigt sah.
Starke Vorbehalte gegen diese Welle der internationalen Anerkennung setzte die von der CDU (West) bestimmte Politik der BR, mehr oder weniger heftig kritisiert von der SPD und den linken Parteien.
Die katholische Kirche in der DDR nahm öffentlich keine Stellung zu diesem oft lebhaft ausgetragenen Streit in der BR. Durch die offensichtliche Verweigerungshaltung der katholischen Kirche in der DDR zu allen Äußerungen, die der Konsolidierung des sozialistischen Systems dienten, war ihre Stellung klar und eindeutig.
Bereits im Dezember 1949 schreibt Kardinal v. Preysing, Bischof von Berlin, an den stellvertretenden Ministerpräsidenten der DDR, Otto Nuschke, daß er zu diesem Zeitpunkt „auf die Sicherung lebenswichtiger Interessen des religiösen Lebens im Gebiet der Deutschen Demokratischen Republik" dränge. Seine Sorgen bestünden darin, „daß die Religions- und Gewissensfreiheit in der Deutschen Demokratischen Republik von den staatlichen Stellen praktisch so gehandhabt wird, daß das religiöse Leben dadurch teils unterbunden, teils gefährdet ist." Kinder würden „nicht nur in einer areligiösen Atmosphäre, sondern sogar im Geist der Gottlosigkeit erzogen ... Diese Erziehung hat den Charakter des Zwanges ... hält am absoluten Staatsmonopol in der Schulfrage im Widerspruch zum Elternrecht fest ..., daß der vom Staat geforderte atheistische Unterricht notwendig eine schwere Verlet-

zung der Gewissensfreiheit auch für die Lehrpersonen im Gefolge hat, ... es zeigt sich die Tendenz, die Kinder gottlos zu machen."

Der Kardinal beklagt, daß der Aufbau einer katholisch-kirchlichen Presse nicht zugelassen und die Religionsfreiheit durch Verwaltungsmaßnahmen eingeschränkt wird.

Das Bistum Meißen gibt am 1. 2. 1950 zu verstehen, daß alle „Versuche, die Kirchengemeinden in politische Bewegungen mit politischen Zielen einzugliedern und die Geistlichen zur Mitarbeit in diesbezüglichen Ausschüssen aufzufordern, sowohl im Namen des der Kirche eigentümlichen Gottesauftrages als auch um der Vordringlichkeit der Seelsorgearbeit des Klerus willen abzuweisen sind."

Und noch einmal verschafft das Wort des Berliner Bischofs, Kardinal v. Preysing, Klarheit gegen den Mißbrauch katholischer Priester für die parteipolitischen Ziele der SED (14. 2. 1950): „Die Ortsausschüsse der sogenannten Nationalen Front bemühen sich, ... auch den Klerus zu Beitritt und Mitarbeit zu gewinnen. Es ist bekannt, daß die Initiatoren und die Hauptträger der Nationalen Front in den Reihen der SED und der kommunistischen Massenorganisationen stehen. Die Partei sucht unter Mißbrauch des Wunsches der Deutschen, die Einheit ihres Vaterlandes wiederherzustellen, ihre Machtposition über ganz Deutschland auszudehnen. Zugleich fordern maßgebende Männer der SED, daß die staatsrechtlichen, gesellschaftlichen und kulturellen Verhältnisse in der Deutschen Demokratischen Republik Vorbild und Richtmaß für die Einheit Deutschlands sein müßten. ... Der Priester darf sich an keinerlei Aktion beteiligen, die, wenn auch getarnt, Kirchenfeinden Vorschub leistet."

Schon diese Zeugnisse aus den Anfängen der DDR zeigen den Notstand, in den die Christen hineingeraten sind und der sich in den kommenden Jahren noch erheblich vergrößern wird. Nur langsam finden sich die Christen zusammen und eine Form, über stille (und halblaute) Proteste hinaus, in einer Art „Igelstellung" den Angriffen zu begegnen. Es dauert bis in die 60er Jahre, bis erste größere, gemeinsame Wallfahrten die Gemeinden zusammenführen und etwa auf der Huysburg gemeinsam erlebte Veranstaltungen ermöglichen. 1954 gibt es zwar die ersten Versuche, diese Wallfahrtsgottesdienste zustande zu bringen, doch zu wirklichen Aufmunterungen und Erlebnissen werden sie erst gegen Ende dieses Jahrzehntes.

Auf höchster kirchlicher Ebene wird der Kampf gegen das System weitergeführt. Schon im März 1950 gibt es ein gemeinsames Hirtenwort der (west- und ost-)deutschen Bischöfe gegen den „gottlosen Materialismus". Es heißt: „Laßt euch nicht täuschen! Es geht im Materialismus nicht um rein wirtschaftliche Fragen. Es geht nicht um eine notwendige soziale Neuordnung und nicht um die gerechtere Verteilung des Besitzes. Es geht vielmehr um die letzten Lebensfragen des Menschen. Es geht um Gott, den allmächtigen Schöpfer und Herrn. Es geht um den Menschen und seine Würde. Es geht um den letzten Sinn des Menschenlebens und der Menschheitsgeschichte. Es geht um die Ewigkeit und unser ewiges Schicksal. Der Materialismus ist seinem ganzen Wesen nach gottlos und religionslos, er ist bis in seine Wurzeln hinein christusfeindlich und kirchenfeindlich eingestellt. Darum kann niemand gleichzeitig wahrer Christ und wirklicher Materialist sein. Er muß sich entscheiden: für Gott oder gegen Gott – für die Ewigkeit oder gegen die Ewigkeit – für Christus oder gegen Christus – für die Kirche oder gegen die Kirche." ... „Denkt christlich, handelt christlich!"

Kardinal v. Preysing gibt keine Ruhe. Er verlangt am 22. 4. 1950 Antwort auf sein Schreiben vom Dezember 1949 und fügt neue Anklagen hinzu: gegen den Materialismus als „einer exklusiven staatlichen Weltanschauung, einer exklusiven Staatsreligion, ... ob im Kindergarten, ob in der Schule, ob auf der Universität, ob in den systematisch zwangsweise vorgenommenen Schulungen, ob in der FDJ, ob bei den Jungen Pionieren, überall wird zwangsweise das materialistische Welt- und Menschenbild als einzig zugelassenes Vorbild für die Formung des einzelnen Menschen und der Gesellschaft benutzt ... Die Glaubensfreiheit, soweit sie noch in der DDR geduldet ist, wird in steigendem Maß planmäßig auf die Kultusfreiheit innerhalb der Kirchenmauern eingeschränkt."

Dagegen stellt der Kardinal seine Forderungen, die die Glaubens- und Gewissensfreiheit anmahnen. „Die Bedrängnis der christlichen Gewissen in der DDR steigert sich von Tag zu Tag. Die Unruhe darüber hat weite Kreise erfaßt. Die Forderungen, ..., ergeben sich aus den Bestimmungen des Potsdamer Abkommens und der Verfassung der DDR."

Die Sozialisten hören und lesen diese Proteste, wissen auch um ihre Berechtigungen, die sie aber, ohne an die Öffentlichkeit zu treten, ignorieren. Im Mai 1950 klagt Kardinal v. Preysing noch einmal den verfassungsrechtlichen Schutz der katholischen Kirche im Gebiet der DDR ein.

Der Weihbischof und Erzbischöfliche Kommissar in Magdeburg, Dr. Rintelen, fordert im September 1951 die Eltern auf, an der Wahl der Elternbeiräte an den Allgemeinbildenden Schulen teilzunehmen und dort die christlichen und demokratischen Rechte zu sichern.

„Mit tiefem Schmerz" stellen die Bischöfe in der DDR im Januar 1953 fest, „unsere Schule ist religionslos, hat in ihrem Lehrplan keinen Raum für Religion. Wir haben nur religionslose Schulen; nicht einmal die Möglichkeit, eigene christliche Schulen zu errichten, hat man uns gelassen. In diesen religionslosen Schulen wird der Materialismus gelehrt: Vom materialistischen Geist sind die Lehr- und Lernbücher getragen und durchtränkt. Der Materialismus aber leugnet Gott, leugnet Christus, leugnet die Unsterblichkeit der Seele, leugnet die Gnadenkraft der Sakramente, leugnet Himmel und Hölle und rühmt sich dieser Leugnung, preist sie als wissenschaftliches Ergebnis.

Glaube niemand, wir seien gesonnen, uns mit diesem Zustand abzufinden! Wir fordern unser Recht und werden darauf bestehen. Vieles müssen wir ertragen, weil die Macht gegen uns ist. Oft müssen wir lange warten, weil wir nicht Gewalt gegen Gewalt setzen. Aber unerschüttert bleibt unsere Zuversicht: Gott und Religion werden wieder in unsere Schulen einziehen. ... Belehrt eure Kinder über Gott und Religion, Christentum und Kirche! Stellt richtig, was sich an Irrigem und Falschem, Unklarem und Verworrenem bei ihnen anzusetzen droht! Belehrt sie über die Schöpfung und Erlösung und die anderen religiösen Wahrheiten! ... Die Waffe des Gebetes ist am wirksamsten, wenn Eltern und Kinder sie gemeinsam gebrauchen. ... Kinder, für die das gemeinsame Beten mit den Eltern nicht eine feiertägliche Ausnahme ist, sondern selbstverständlich wie das tägliche Brot, sind am sichersten gefeit gegen alle religionslosen und religionswidrigen Einflüsse, woher sie auch kommen mögen."

Die Jugend ist in große Bedrängnis geraten und sucht nach einem Ausweg. Es ist mehr als nur eine Vertröstung, die sie Ostern 1953 aus dem Munde ihrer Bischöfe erreicht: „Ihr habt – wie wir alle – ein unzerstörbares Recht auf die Freiheit eures Gewissens und eures Glaubens, und gar niemand darf es wagen, euch deshalb zu bedrängen. Ihr habt das Recht, Christ zu sein und zu bleiben. Ihr habt das Recht, in unserer Kirche als lebendige Glieder der Gemeinschaft zu leben und zu wirken. ... Ihr dürft euch nicht wundern, daß ihr mancherlei Prüfungen habt, z. T. solche, die euch schwer treffen und eure Zukunftspläne, euer Studium zerstören, euer Fortkommen erschweren und euch manche Wege verbauen. Wir beklagen mit euch jeden Druck und alle Ungerechtigkeit, die euch widerfahren. ... Wir bitten auch euch Eltern, daß ihr in dieser Zeit mit besonderer Treue zu euren Söhnen und Töchtern steht und ihnen euren christlichen Rat und eure elterliche Hilfe nach bestem Gewissen leiht. ... Und auch ihr alle als ganze Gemeinde werdet eure jungen Christen besorgt in euer Gebet hineinnehmen."

Der Bischof von Berlin, Wilhelm Weskamm, schickt am 11. Juli 1953 an den Ministerpräsidenten Otto Grotewohl ein Memorandum, in dem er die Sorge um den Lebensweg des deutschen Volkes im Gebiet der DDR zum Ausdruck bringt: „Das Leben und die Arbeit der Kirche haben in den vergangenen Jahren und ganz besonders im letzten eine Einengung und systematische Drosselung erfahren, die sich auf alle Gebiete kirchlichen Lebens erstreckt, und zwar in der ganzen DDR. ... Die Verfügung von 1951 über die Anmeldung von Veranstaltungen wurde auf interne Weisung hin in einer Weise ausgelegt, daß eine allgemeine Drangsalierung und eine Auslieferung an die Willkür der Polizeiorgane die Folge war. ... Keine Lizenz für kirchliche Bauten, keine Genehmigung für den Erwerb von Bauplätzen für Kirchen usw. ... Oberschulen sind nur für die zukünftigen Staatsfunktionäre. Für christliche Schüler verschloß man die Oberschule und das Studium immer mehr. ... Für das Priesterseminar in Erfurt wurden die zugesagten Zuzugsgenehmigungen nur mäßig und sehr langsam gegeben. ... Die gleichen Tendenzen der Einschränkung und Drosselung zeigen sich gegenüber der kirchlich-karitativen Arbeit. ... Beschränkung der Seelsorge durch Sperre gegen Geistliche. ... Die Einengung kirchlichen Schrifttums liegt auf derselben Li-

nie. Der einzige katholische Verlag, der nach fünfjährigen Mühen endlich erstehen durfte, erfuhr eine große Einschränkung des einzigen Kirchenblattes und eine starke Hemmung in seiner an sich ungenügenden Verlagsarbeit, so daß die Armut in der geistigen Versorgung der Christen in der DDR beklagenswert und deutlich wurde."
Sehr ernste Sorgen erfüllt die Oberhirten der Katholischen Kirche über „die innere Ausrichtung der gesamten schulischen und außerschulischen Erziehung im Bereich der DDR, ... die innere Ausrichtung der gesamten zwangsweise durchgeführten Schulung der Erwachsenen ... nach den Grundsätzen des Marxismus und Leninismus, ... die innere Ausrichtung der Verwaltungsstellen einschl. der Deutschen Volkspolizei, ... die innere Ausrichtung der Justiz, die nicht mehr einen strafbaren Tatbestand objektiv festzustellen sich bemüht, sondern die von politischen Stellen vorgeschriebenen Urteile zu vollstrecken hat." Gegen diese offenen Ungerechtigkeiten, die vielfach belegbar sind, fordert der Bischof: „Freiheit für das religiöse und kirchliche Leben in den Gemeinden, für den Religionsunterricht und die außerschulische religiöse Belehrung. ... Freiheit für die Ausbildung und für die Anstellung von Priestern ..., Freiheit für die karitative Arbeit in den einzelnen Pfarreien und in den kirchlichen Anstalten, eine echte Freiheit für die Versorgung der Christen mit kirchlichem Schrifttum ... Freiheit für den kirchlichen Grundbesitz und die Möglichkeit, durch Bau von Kirchen, Kapellen usw. dringenden kirchlichen Bedürfnissen abzuhelfen. Freiheit von weltanschaulichem Zwang (dialektischer Materialismus) für Schule, Universität, Lehrer, Angestellte und Arbeiter des öffentlichen Dienstes. Ebenso die Freiheit vom Zwang, bestimmten Organisationen anzugehören. Rechtssicherheit nach den Maßstäben des Rechtsstaates: unabhängige Richter, Einhalten der Verfahrensordnung, freie Verteidigung, ange-

messenes Verhältnis zwischen Straftat und Strafmaß, Verbindung zwischen den Inhaftierten und den Angehörigen."
Schon der Entwurf eines Familiengesetzbuches ruft im August 1954 den schärfsten Protest der Bischöfe in der DDR hervor: „Wir müssen unsere sehr ernsten Bedenken gegenüber den zahlreichen Bestimmungen des Entwurfes geltend machen, die in Verkennung des Wesens und der Aufgabe der Frau eine Art von Gleichberechtigung statuieren, die zur Auflösung der Familiengemeinschaft führen muß, nicht aber ihrem Aufbau und ihrer Festigung dient ... Ähnliches gilt hinsichtlich der Jugendorganisation, deren Wirken ganz von der Erziehung zur materialistischen Weltanschauung durchzogen ist. Ihre Monopolstellung erweckt schmerzliche Erinnerungen und ist Quelle ungezählter Gewissensnöte junger Christen."
Mit den Plänen für eine DDR-weite Jugendweihe beginnt ein Maß an Nötigungen und Bedrängnissen, wie es für den Außenstehenden kaum vorstellbar ist. Die Bischöfe ahnen das sich anbahnende Unheil und melden sich gleich zu Wort (Weskamm, Wienken, Piontek). Weihbischof Rintelen, Magdeburg, schreibt am 21. 12. 1954: „Wir Christen lehnen die nichtkirchliche und antikirchliche Jugendweihe ab. Ihr katholischen Eltern dürft eure Kinder nicht zu dieser Jugendweihe schicken. Schickt sie auch nicht zu den Jugendweihe-Vorbereitungsstunden."
Im Oktober 1953 erklären die Bischöfe und Bischöflichen Kommissare, „daß katholisches Glaubensbekenntnis und diese Jugendweihe sich ausschließen. Jetzt wird vom Zentralen Ausschuß für Jugendweihe behauptet, daß religiöses Bekenntnis und Jugendweihe vereinbar seien. ... Demgegenüber erklären wir: Die Vorbereitung auf die Jugendweihe in den Jugendstunden ist eine Einübung des Unglaubens, sie verletzt die religiösen Gefühle und ist nicht vom Geist der Toleranz getragen. ... Wer freiwillig

an der Jugendweihe und ihrer Vorbereitung teilnimmt oder seine Kinder dazu schickt, sündigt gegen den Glauben, bringt seinen Glauben und den Glauben seiner Kinder in ernste Gefahr und gibt der Gemeinde schwerstes Ärgernis."

Der verbissene Kampf gegen Religion und Kirche verschärft sich ständig bis in viele Einzelheiten hinein. So erklärt Bischof Weskamm, Berlin, zum Religionsunterricht an den Schulen in Ostberlin und in der DDR am 13. April 1956 und greift eine Verfügung des Magistrats von Groß-Berlin auf: „Danach soll der Religionsunterricht erst zwei Stunden nach dem Ende des Schulunterrichtes sein dürfen. Unsere Kinder müssen also den Schulweg zweimal machen, um nachmittags zum Religionsunterricht zu kommen. Für die kirchlich bestellten Katecheten will man eine staatliche Erlaubnis zum Betreten der Schule verlangen, die von einer politischen Beurteilung abhängig ist. Sodann wird verfügt, daß an Mittel- und Oberschulen kein Religionsunterricht mehr sein soll. ... Wir erheben gegen diese Behandlung des christlichen Religionsunterrichtes noch einmal in aller Öffentlichkeit Einspruch und verlangen eine ehrliche, ungehinderte Freiheit für den Religionsunterricht an christliche Kinder. Wenn das Verhältnis zwischen Staat und Kirche immer schwieriger wird, so trägt jedenfalls die Kirche nicht die Schuld daran."

Die Kirche richtet in der Abwehr der kirchenfeindlichen Angriffe des sozialistischen Systems schon 1957 die „religiöse Kleinkinderstunde" ein, die zu einem hervorragenden Mittel der religiösen Früherziehung wird. Sie hat sich schon am Ende der 50er Jahre in den meisten Gemeinden der DDR durchgesetzt. Die Seelsorgehelferinnen haben diese Aufgabe vornehmlich getragen.

Die Sorge der Bischöfe um Schule und Erziehung veranlaßt sie noch einmal 1957, deutliche Hinweise auf diese

Situation zu geben: „Die von staatlicher Seite eingeleitete Entwicklung einer „demokratischen Schule" zur „sozialistischen Schule" zielt auf ein eindeutiges Bekenntnis zum Materialismus. Die gesamten Unterrichtspläne und Schulbücher sind geprägt von der Lehre des Materialismus. Der Materialismus aber zielt dahin, die Religion als überholten, schädlichen Aberglauben zu überwinden. … Sorgt dafür, daß die Kinder den Religionsunterricht und die Seelsorgsstunden regelmäßig und pünktlich besuchen. … An vielen Orten bestehen Internate für Jugendliche, etwa für Lehrlinge, Schüler oder Studenten. In vielen Heimen dieser Art wird ein starker Druck auf die Jugend ausgeübt, dem Religionsunterricht und dem Gottesdienst fernzubleiben. … Wir stellen ausdrücklich fest, daß ein solches Vorgehen gegen den Artikel 41 der Verfassung verstößt, nach dem „jeder Bürger volle Glaubens- und Gewissensfreiheit genießt" und „die ungestörte Religionsausübung unter dem Schutz der Republik steht." … Maßgebliche Äußerungen der jüngsten Zeit bestärken uns in der Gewißheit, daß Jugendweihe und christliches Bekenntnis nach wie vor unvereinbar sind."
In allen Bistümern und Jurisdiktionsbezirken der DDR gibt es Ende 1957 klare Anweisungen an die Priester, wer von ihnen und in welchen Bereichen gegenüber Staat und Partei verantwortlich und verhandlungsberechtigt ist. Dabei werden als Partner nur Regierungsstellen (Stadt, Kreis, Bezirk, Zentrale in Berlin), nicht Stellen der Partei oder ihrer Organisationen (z. B. Staatssicherheitsdienst) akzeptiert. Diese Anordnung hat auf Jahrzehnte hin den Einfluß der sozialistischen Machthaber erheblich eingeschränkt und „kanalisiert". So gelang es dem Stasi nur gelegentlich, „inoffizielle Mitarbeiter" (IM) in der Kirche anzuwerben, was sich nach der Wende als ausgesprochen segensreich herausgestellt hat.
In einem Memorandum wird der Ministerpräsident der

DDR, Otto Grotewohl, erneut im Dezember 1957 auf die unhaltbare Situation des kirchlichen Lebens in der DDR aufmerksam gemacht und Abhilfe eingefordert. So heißt es im Abschnitt III: „Damit die Glaubens- und Gewissensfreiheit sich unbeengt entfalten kann, halten wir Bischöfe und Bischöflichen Kommissare angesichts der beherrschenden Stellung der atheistischen Ideologie in der Deutschen Demokratischen Republik folgende Änderungen für unabdingbare Forderungen, die sich auf die durch die Grundordnung der Verfassung der Deutschen Demokratischen Republik gegebenen Möglichkeiten stützen und beschränken:

1. Die vom Staat nicht behinderte, sondern z. T. sogar propagierte Diskriminierung der Religion und der Kirche muß aufgegeben werden.
2. An die Stelle des atheistischen Grundcharakters der schulischen Erziehung muß positive Toleranz treten. Die schulische Erziehung muß in positiver Hinsicht die religiösen Belange der katholischen Schüler berücksichtigen.
3. Die Lehrausbildug darf nicht von der atheistischen Philosophie beherrscht sein; sie muß vielmehr positiv berücksichtigen, daß die Lehrer in ihrem Wirkungskreis auch katholische Schüler unterrichten.
4. Der freiwillige Charakter der Jugendweihe muß sichergestellt sein. Die Mitwirkung staatlicher Stellen ist zu unterlassen, ebenso jede Benachteiligung bei der Berufsausbildung derer, die aus Gewissensgründen die Jugendweihe ablehnen.
5. Kirchliche Autoren müssen die Freiheit erhalten, bei wissenschaftlichen Auseinandersetzungen mit Vertretern des dialektischen und historischen Materialismus die gleichen publizistischen Möglichkeiten zu benutzen wie diese.
6. Der Kirche muß die Freiheit gegeben werden, An-

griffe, gleich welcher Art, mit den Mitteln moderner Publizistik abzuwehren.
7. Jede berufliche Benachteiligung, die ihre Ursache in der aktiven Zugehörigkeit zur Kirche hat, muß aufhören."

Die Bischöfe machen sich ausdrücklich zu Anwälten der Gläubigen in ihrer Gewissensnot, so heißt es im April 1958: „Schwer leiden gläubige Christen darunter, daß allerwärts, in Organisationen und auf dem Arbeitsplatz, in Schrifttum und Kundgebungen, die Propaganda gegen Kirche und Religion immer stärker wird. Völlig aber wird das Menschenrecht mißachtet und auch die Verfassung übertreten, wenn ehrenhafte und gewissenhafte Staatsbürger ihre Stellung verlieren oder einen Beruf nicht ausüben können, nur, weil sie nicht aus der Kirche austreten oder auf die aktive Betätigung ihres Glaubens nicht verzichten wollen. ... Die Zeit schwerer Gewissensnot muß uns zur Stunde helfender Bruderliebe werden. Da ihr oft einsam und fremd in der Welt steht, gewinnt eure Familie neue Bedeutung. ... Schließt euch fest zusammen in euren Seelsorgsgemeinden." Immer wieder verweisen die Bischöfe über den Alltag hinaus und legen auch größere Zusammenhänge offen, die bewußt von den Funktionären des Systems verschwiegen werden. So schreiben sie Ende August 1958:

„Seit Jahren schon durchzieht eine schmerzliche Grenze unser deutsches Vaterland. Alle, die redlich denken, leiden an dieser Spaltung, und eine starke Sehnsucht nach einer Wiedervereinigung in gerechter und freier Ordnung lebt in unserem Volke. Viele Versuche wurden in den vergangenen Jahren unternommen, diesen Notstand zu beheben, doch die Schwierigkeiten sind bis zur Stunde eher gewachsen als kleiner geworden. ... In weiten Teilen unseres Vaterlandes wird der dialektische Materialismus und der daraus wachsende Atheismus als die beherrschende

Lebensform des staatlichen und gesellschaftlichen Lebens zielbewußt durchgesetzt. Die gläubigen Christen stehen in schwerer Gewissensnot und müssen um ihres Glaubens willen oft harte Bedrängnis auf sich nehmen."

Eine deutliche Verschärfung des Kirchenkampfes wird 1958/59 sichtbar, so beklagt der gemeinsame Fastenhirtenbrief vom 8. Februar 1959: „Die Kirche soll entwürdigt werden. Die Kirche soll entvölkert werden. Die Kirche soll ersetzt werden. Die Menschen sollen durch Weihehandlungen und Gelöbnisse dazu gebracht werden, daß sie Gott und die Kirche vergessen und sich einzig dieser Erde, der Arbeit und der Gesellschaft verschreiben. All das geschieht, um die Irrlehre der Selbsterlösung eindrucksvoll in das Leben der Menschen zu stellen. Zu solchen atheistischen Riten, die in jüngster Zeit von Stellen des Staates und der Partei immer stärker gefördert werden, gehören die sozialistische Namensgebung, die sozialistische Jugendweihe, die sozialistische Trauung und die sozialistische Beerdigung. Besonders der Druck zur Teilnahme an der Jugendweihe ist in unerträglicher Weise gewachsen."

Gegen die Vorlage eines Gesetzes über die sozialistische Entwicklung des Schulwesens in der DDR wird von den Bischöfen der Berliner Ordinarienkonferenz bei Ministerpräsident Grotewohl protestiert und erhebliche Verbesserungen im Januar 1960 gefordert.

Die Kirche bleibt in diesen kämpferischen Zeiten nicht beim Protest vor den Verantwortlichen stehen, sondern legt offen und verständlich eine Standortbestimmung des Christen in der atheistischen Umwelt vor (20. 1. 1960) und gibt in einer Pastoralanweisung an die Priester in der DDR konkrete Hilfen durch eine genau umschriebene Betreuung des Christen in der atheistischen Umwelt: „Bemüht euch immer wieder um ein klares Bild der Lage. Verwirklicht in eurem eigenen Leben, was die Situation

erfordert. Seid für alle da. Behaltet Mut und Zuversicht. Besinnt euch auf die Grundsätze der katholischen Sittenlehre. Zeigt die unverrückbaren Grenzen. Helft den Schwachen und Bedrängten."
Gegen den Entwurf eines neuen Jugendgesetzes erheben die Bischöfe in der DDR ihre kritische Stimme (1. 12. 1963): „In diesem Gesetz identifiziert sich der Staat eindeutig mit der marxistisch-leninistischen Ideologie. Eine solche Identifizierung läßt aber nach unserer Auffassung eine wirkliche Religionsfreiheit oder auch nur Freiheit der weltanschaulichen Überzeugung und folglich eine wirkliche Gleichheit der Bürger, unbeschadet ihrer religiösen oder weltanschaulichen Überzeugung, nicht zu, wie sie in der Verfassung der Deutschen Demokratischen Republik zum Ausdruck kommt. ... Dieses Gesetz stellt einen weiteren Schritt zur vollständigen Beschlagnahme des gesamten Bildungs- und Erziehungswesens zu Gunsten der staatlich gestützten Ideologie dar. ... Wir sind weiterhin der Überzeugung, daß die alleinige Vorherrschaft der marxistisch-leninistischen Ideologie auch dem Gemeinwohl widerspricht.
Ebenso geht es dem „Entwurf des Familiengesetzes", der im Schreiben an Ministerpräsidenten W. Stoph am 12. 7. 1965 kritisch und ablehnend beurteilt wird: „Es ist christlichen Eltern nicht zumutbar, ihre Kinder zu Erbauern des Sozialismus zu erziehen."
Gegen die Abtreibung wird klare Stellung bezogen (1. 11. 1965): „Das Leben, das empfangen im Mutterschoß lebt, ist mit großer Sorge zu schützen, die Abtreibung aber, die wider alles Recht unschuldiges Leben vernichtet, und die Kindestötung sind abscheuliche Verbrechen." Zum Entwurf einer neuen Verfassung der DDR bringen die Bischöfe dem Staatsratvorsitzenden Walter Ulbricht gegenüber ihre Bedenken und Forderungen offen zur Sprache (5. 2. 1968). Das geschieht in zwei Ein-

gaben (26. 2. 1968): Bisher geltende Rechte der Kirche sollen entfallen, der atheistischen Weltanschauung eine verfassungsmäßig garantierte Monopolstellung eingeräumt werden: „Durch die Streichung der genannten Artikel (40-49 der Verfassung von 1949) würde in Zukunft der verfassungsmäßige Schutz der Rechte der Kirche weithin entfallen. ... Die Kirche kann auf die Wahrung der in den genannten Artikeln geschützten Grundanliegen nicht verzichten, weil diese sinngemäß zur Freiheit der Religionsausübung und zum Wesen der Kirche gehören. Diese Freiheit der Religionsausübung umfaßt nicht nur das Bekenntnis des Glaubens und den Vollzug religiöser Handlungen, sondern auch ihre diakonische sowie karitative soziale Tätigkeit. ... Dem heute erreichten Entwicklungsstand der menschlichen Gesellschaft widerspricht es, wenn im Bildungs- und Erziehungssystem ... einer Weltanschauung eine verfassungsmäßig garantierte Monopolstellung eingeräumt wird."

„... halten wir es für unsere Pflicht, noch einmal die dringende Bitte vorzutragen, daß der Entwurf der Verfassung im Hinblick auf die Anliegen der Kirche überprüft und ergänzt wird. ... Es ist daher auch eine Frage von weittragender und allgemeiner Bedeutung, daß die verfassungsmäßige Garantie der Gewissensfreiheit, wie sie die Verfassung von 1949 enthält, im Entwurf der neuen Verfassung nicht enthalten ist. ... In besonderer Weise erscheint die volle Glaubensfreiheit dadurch wesentlich eingeschränkt, daß der Verfassungsentwurf die sozialistische Moral als Grundlage der Beziehungen zwischen den Bürgern bezeichnet."

Bis zu diesem Zeitpunkt geht es im Kampf zwischen Staat und Kirche um ein Kräftemessen, in dem die Kirche zu unterliegen droht. Mit allen erlaubten und unerlaubten Mitteln (Nötigungen, Drohungen, Benachteiligungen u. a.) sucht der Staat sich durchzusetzen. Doch gleichzeitig wachsen die Kräfte, die dem Sozialismus den Untergang bringen.

VIII.

Das Ende

Heftige Kämpfe der SED gegen Religion und Kirche bis zum Untergang der DDR 1970-1990

Noch stehen zu Beginn der 70er Jahre dem Unrechtssystem alle Mittel der Kontrolle, der Einschüchterung und der Unterdrückung voll zur Verfügung. Aus der Vergangenheit wissen die DDR-Bürger, daß die Herrschenden ohne Zögern bereit sind, diese Mittel auch rücksichtslos einzusetzen, wann immer sie es für nötig halten. So lasen sie 1953 russische Panzer gegen den Protest der Bevölkerung auffahren, Jahr für Jahr in Militärparaden ihre Stärke als Drohung gegen ähnliche Versuche über die Straßen rollen. Polizeipatrouillen demonstrieren an gewöhnlichen Tagen, wie mächtig und einsatzwillig sie sind. Mit einem Heer von Spitzeln und Zuträgern überziehen sie das Land. Der eigens für diese Tätigkeit geschaffene Staatssicherheitsdienst, geführt vom Ministerium für Staatssicherheit (MfS), bringt Angst und Schrecken unter das Volk. Die Gliederungen der SED, von den Jugendorganisationen der Jungen Pioniere, der Freien Deutschen Jugend über die Sozialistische Einheitspartei (SED) mit ihrer „Nationalen Front des demokratischen Deutschland", der zentralistischen Planwirtschaft (LPG, PGH u. a.) verhindern jede freie politische und wirtschaftliche Entwicklung. Mit über 50 000 „Grundorganisationen der SED" ersticken sie alles Leben. Wo es sich regt, schlagen sie zu. Für eine totale Uniformität sorgt das Zentralkomitee (ZK) der Partei, das wiederum die Zentrale Parteikontrollkommission der SED beruft und zur politischen Leitung seiner Arbeit das Politbüro des Zentralkomitees der SED ein-

setzt. Die Publikationsorgane sind „Neues Deutschland", Berlin, die theoretische Zeitschrift „Einheit" und die Zeitschrift für Fragen des Parteilebens „Neuer Weg" sowie 16 Bezirkszeitungen.
Es ist eine tiefe Finsternis, in der sich der DDR-Bürger zurechtfinden muß. Alles ist so stramm und dicht organisiert und abgedeckt, daß es selbst für Spekulationen auf Zukunft hin kaum Öffnungen gibt. Die Partei tut so, als gebe es sie allein für alles, was mit Zukunft zu tun hat. Ich erinnere mich gut an mein über 40jähriges Leben in diesem Land, daß ich zwar immer überzeugt war, dieses künstliche Gebilde aus Zwang, Korruption, Versäumnis und Versagen könne nicht das letzte sein, mit dem ein Volk leben müsse, aber wie wir diesen Ballast loswerden könnten, wußte niemand.
In der Rückschau beginnt das altbiblische Ereignis lebendig zu werden, in dem der Hirtenjunge David gegen den starken und kriegserfahrenen Goliath zum Kampf antritt und ihn besiegt (1 Sam 17,20-54). Diese Situation war exemplarisch für die Kirche in der DDR. Sie fühlte und lebte wie David, war schwach und dem mächtigen Gegner eindeutig unterlegen. Der Lärm der gegnerischen Philister war laut, höhnend und provozierend. Eine sichere, passende Rüstung fand diese Kirche so wenig wie David sie fand. Selbst die Waffe, mit der David auf Goliath zuging, war wie ein lächerliches Spielzeug in der Hand des Knaben. Aber er kam „im Namen des Herrn der Heerscharen. Wissen soll es diese ganze Schar, daß nicht durch Schwert und Speer der Herr den Sieg verleiht."
Ich gebe zu, die Christen in der DDR waren mutig, haben nie völlig aufgegeben. Ob sie aber den ungewöhnlichen Mut des David hatten und das Geschick, mit dem er dem Goliath entgegentrat, bleibt doch wohl offen. So heißt es weiter: „Als der Philister sich in Bewegung setzte und immer näher auf David zukam, lief David schnell der

Schlachtreihe der Philister entgegen. Dabei griff David in die Tasche, nahm einen Stein heraus, schleuderte ihn und traf den Philister auf die Stirn. Der Stein drang in die Stirn ein, so daß er vornüber zu Boden stürzte. So besiegte David den Philister mit Schleuder und Stein und schlug den Philister tot, ohne daß David ein Schwert in der Hand hatte" (1 Sam 17,48-50).

Die SED führte ihren verbissenen Kampf gegen Religion und Kirche weiter, nur gelegentlich aus taktischen, von der Weltöffentlichkeit geforderten Gründen abgeschwächt und mit neuen Versprechungen abgemildert. Die Kirche in der DDR versucht eine neue Standortbestimmung durch die Abhaltung einer Pastoralsynode für die Jurisdiktionsbezirke in der DDR. Im Hirtenbrief der Bischöfe zum 1. Fastensonntag 1971 gibt sie eine genaue Orientierung über Ziel und Inhalte dieser Veranstaltung:

„Diese Pastoralsynode soll für alle eine Hilfe zum christlichen Leben in der heutigen Welt werden ... Die Grundfrage des christlichen Lebens heute wird uns aber auch gestellt durch die Veränderungen in der heutigen Welt, durch ihre Entwicklungen und geistigen Strömungen. Sie bleiben nicht ohne Einfluß auf den Christen und seinen Glauben und können auch zu Unsicherheit und Verlust an Glaubenssubstanz führen. ... Viele erfahren härter als früher die Gottesferne der heutigen Welt, nicht nur in unserer Umgebung, sondern auch im eigenen Herzen. ... Manches ungute Wort würde heute in der Kirche nicht gesagt, und viele Gespräche wären brüderlicher, wenn wir zuvor gemeinsam den Vater unseres Herrn anrufen würden. ... Wir müssen einander helfen, auf den anderen hören, Erfahrungen austauschen. Wir brauchen das Gespräch in der Familie, im Freundeskreis, in den Gruppen, in den Pfarrgemeinderäten. ... Das Leben der Kirche ist angewiesen auf die Bereitschaft und Mitverantwortung aller, auf das brüderliche Zusammenkommen der Verschiedenen."

Im Kampf um die teilweise Freigabe des Schwangerschaftsabbruches (Fristenregelung) kämpft das System entschieden und mit voller Absicht gegen menschliche und christliche Grundsätze, setzt sie auch mit seinen Mitteln durch. Wir Bischöfe widersprechen heftig:
„Mit Bedauern und großer Sorge haben wir am 23. Dezember 1971 durch die Presse den Beschluß des Ministerrates der DDR zur Kenntnis nehmen müssen, daß in einer künftigen gesetzlichen Regelung jede Frau selbst entscheiden kann, ob sie bis zum Ablauf von drei Monaten ihre Schwangerschaft unterbrechen möchte. ... Die Kirche sieht durchaus die möglichen Schwierigkeiten und weiß um persönliche Notlagen, die entstehen können. Dennoch muß sie unsittliche Lösungen ablehnen. ... Für den Christen ist das werdende Leben nicht der Verfügung und den Interessen des einzelnen ausgeliefert. ... Jedes menschliche Leben steht unter dem Schutz des Gebotes Gottes: Du sollst nicht töten. ... Wenn eine Gesellschaft auf den gesetzlichen Schutz des werdenden Lebens verzichtet, wird sie mit ihrem Bemühen um wahren Humanismus unglaubwürdig. ... Für das Lebensrecht des Menschen kann es keine zeitlichen Schranken geben. ... Wir Christen sind der Überzeugung, daß unser Festhalten und unser Eintreten für den Schutz menschlichen Lebens dem Wohle des einzelnen und der ganzen Gesellschaft dient."
Wie ein roter Faden zieht sich durch vier Jahrzehnte sozialistischer Herrschaft die aufdringliche Frage nach der Jugendweihe. Sie ist so etwas wie ein Schlüsselvorgang, bei dem sich der scharfe Gegensatz des Sozialismus zur Kirche immer wieder zeigt. So greifen wir Bischöfe in einem Pastoralbrief an die Priester am 3. März 1972 von neuem diese Frage mit allem Ernst auf:
... daß sich „der Druck zur Teilnahme an der Jugendweihe allgemein verschärft hat und darüber hinaus die ideologische Ausrichtung deutlicher geworden ist. ... Der

ideologische Charakter und die atheistische Tendenz der Jugendweihe ist bisher von keiner offiziellen Stelle widerrufen worden. Es wird vielmehr gerade in neuester Zeit der atheistische Bekenntnis- und Gelöbnischarakter der Jugendweihe betont. ... Solange die atheistische Tendenz der Jugendweihe und ihr Charakter als Kultersatz aber nicht geändert werden, können die Bischöfe – ebensowenig wie bei den anderen atheistischen Ersatzriten (Namensgebung, Trauung, Beerdigung) – ihre Ablehnung der Jugendweihe nicht aufgeben, auch wenn bei der Werbung zur Jugendweihe diese Tendenz verschleiert wird. ... Angesichts der Not, der Verschleierungstaktik und anderer Belastungen können Gläubige, auch Priester, versucht sein, sich eine private Meinung in der Beurteilung der Jugendweihe zu bilden. Jedoch kann eine solche persönliche Meinung nicht Grundlage unserer Pastoral sein. ... Es geht längst nicht mehr um die Frage der Jugendweihe allein, sondern um die kirchliche Bindung überhaupt. ... Wir müssen aber um unserer Gläubigen und unserer Gemeinden willen auf einer eindeutigen, gemeinsamen Haltung bestehen, wenn Eltern oder Jugendliche uns um Rat und Stellungnahme angehen. ... Die eigene Gewissensentscheidung können wir keinem abnehmen, aber wir dürfen ihn nicht allein lassen. Wir müssen die Grundsätze und Grundhaltungen christlichen Lebens so klar aufzeigen, daß sich das Gewissen daran orientieren kann."

Gegen Ende des Jahres 1973 liegt der Entwurf eines Jugendgesetzes vor, dem wir Bischöfe nicht unsere Zustimmung geben können:

„Das neue Jugendgesetz erklärt eindeutig, das Ziel der Jugendbildung und Jugendpolitik und folglich die Aufgabe aller staatlichen Organe ist die Heranbildung der sozialistischen Persönlichkeit ... und von der Sicht des christlichen Glaubens nicht annehmbar ist, weil es von der Ideologie des Marxismus-Leninismus geprägt ist. ... Das in der Verfassung der Deutschen Demokratischen Republik garantierte Recht auf Glaubens- und Gewissensfreiheit wird dadurch verletzt. ... Von einem Recht auf Bewerbung zum Studium ist nicht mehr die Rede, wohl aber davon, daß die Rektoren verpflichtet sind, die Studenten zu Aneignung, Anwendung und Propagierung des Marxismus-Leninismus zu erziehen. ... Unsere öfteren Beschwerden über die Zurücksetzung junger Christen im Bildungswesen ... wurden zu unserem Bedauern meistens nicht beantwortet. ... Wir müssen leider feststellen, daß nach der Absicht des Gesetzes für einen jungen Christen das Studium in Zukunft kaum mehr möglich sein wird. ... Daß die Jungen Pioniere unmittelbar in den Kampf der Arbeiterklasse einbezogen werden sollen ... sind Zielvorstellungen, die sowohl vom Christlichen wie vom Menschlichen her nicht akzeptiert werden können. ... Wir müssen mit allem Ernst darauf hinweisen, daß die ideologische Totalherrschaft im Staat und allen seinen Organen und besonders im ganzen Erziehungswesen nach unserer Auffassung nicht einen Fortschritt, sondern einen Rückschritt darstellt, da sie den Menschen einen Zwang auferlegt, der auf lange Sicht dem einzelnen und der Gesellschaft schwersten Schaden bringt."

Grundsätze zur christlichen Erziehung werden im Hirtenwort der Bischöfe am 17. 11. 1974 aufgestellt und als Abwehr der sozialistischen Maßnahmen kirchliche Forderungen an das politische System gerichtet:

„Die Kirche hat im Konzil mit Nachdruck die entscheidende Bedeutung der Erziehung dargestellt, und zwar einer ganzheitlichen Erziehung, die der Entfaltung des einzelnen und dem gesellschaftlichen Fortschritt dient. ... Die Eltern haben das erste Recht und deshalb – wie das Konzil sagt – die überaus schwere Verpflichtung zur Erziehung der Kinder. ... Die Kirche hat ein besonderes Er-

ziehungsrecht. Sie hat die Aufgabe, allen Menschen den Heilsweg zu verkünden und den Gläubigen das Leben Christi mitzuteilen. Darum haben alle Christen das Recht auf eine christliche Erziehung. ... Eine ganzheitliche Erziehung ist aber wesentlich gefährdet, wenn der Staat das Erziehungsmonopol beansprucht. ... Vom Kindergarten zur Universität ist ausschließlich die Weltanschauung des dialektischen Materialismus die Grundlage. ... Viele Christen geraten durch diese und andere Bedrängnisse dauernd in schwere Gewissenskonflikte. ... Einige wichtige Schwerpunkte: Glauben und Wissen sind keine Gegensätze. ... Der Mensch ist mehr als das Ergebnis seiner Arbeit. ... Gewissensbildung ist Kernstück der Erziehung. ... Verantwortungsbewußte und kritische Mitarbeit zum Aufbau einer besseren Welt ist Auftrag Gottes. ... Zum Christen gehören Liebe und Treue zur Kirche. ... Das Ziel aller christlichen Erziehung ist die Nachfolge Christi."
Die Pastoralsynode in der DDR hat die Gemeinden zu eingehenden Beratungen in Dresden zusammengeführt und im Beschluß „Glaube heute" am 4. 12. 1974 seine Inhalte in Kraft gesetzt. Sie geben nüchtern, ohne Konzessionen an die von der Partei gesteuerten Maßnahmen, ein Bild von der katholischen Kirche in der DDR als Diasporakirche, weisen voll Zuversicht auf die noch verbliebenen Möglichkeiten und Aufgaben:
„Die Pastoralsynode der Jurisdiktionsbezirke in der DDR will zur Erneuerung der Kirche im Geist des II. Vatikanischen Konzils beitragen. ... Wir leben in einer sozialistischen Gesellschaftsordnung, die atheistisch geprägt ist. ... Viele Glieder unserer Gemeinden, besonders junge Menschen, stehen oft in Entscheidungssituationen, die sie bedrängen und belasten. ... Die Glaubensentscheidung verbindet den einzelnen mit der Kirche, die ihn im Glauben bestärkt, korrigiert und weiterführt. In ungläubiger Umwelt verleiht diese Gemeinschaft Kraft zum

Durchhalten auf dem Weg des Glaubens. ... Die katholische Kirche in der DDR ist eine Diasporakirche. Wir sind eine kleine Herde, deren Reichtum es ist, trotz ihrer Unvollkommenheit und Sündhaftigkeit Keimzelle der Einheit, der Hoffnung und des Heiles zu sein. ... Durch gläubige Christen in der Diaspora wird der Geist des Evangeliums in einer nichtchristlichen Umwelt gegenwärtig und wirksam. ... Die Diasporasituation fördert Einheit und Zusammenhalt der Christen. ... Die Gemeinde selbst möge der Ort sein, wo alle ihre Glieder einander in brüderlicher Liebe zugetan sind. ... Die Mitarbeiter im pastoralen Dienst werden aufgefordert, christliche Hoffnung so zu verkünden, daß sie Wagemut und zugleich Gelassenheit in weltlicher und kirchlicher Arbeit schenkt und zu Freimut in Kirche und Welt führt.

Die Weltkirche wird durch den Besuch von Kardinal Casaroli in der DDR wieder einmal sichtbar: „Erzbischof Casaroli will sich vom 9. bis 14. Juni 1975 in Berlin und in der DDR aufhalten. Er wird Gespräche im Außenministerium der DDR führen. ... Zugleich wird er mit den Bischöfen zusammenkommen. ... Er wird wichtige kirchliche Institutionen besichtigen und sich über die Lage der Kirche in der DDR sorgfältig informieren." Die Pastoralsynode in der DDR ist zu Ende und gibt mit dem Abschlußdokument „Dienst der Kirche für Versöhnung und Frieden" ein klares Bekenntnis, wie sehr bei aller eigenen Bedrängnis die überregionalen Aufgaben auch für die Kirche in der DDR von Bedeutung bleiben:

„Der Friede zwischen Menschen und Völkern ist Abbild und Teilhabe an dem Frieden, den Christus gestiftet hat. Für den Christen ist Unfriede nicht nur Folge geschichtlicher Entwicklungen, sondern immer auch Hinweis auf menschliche Schuld. ... Wirklich vergeben kann nur, wer die eigene Schuld erkennt und selbst zu Buße und Umkehr bereit ist. Vergebung ist eine Kraft, die die Welt verändert. ... Diese soziale Dimension der Schuld soll vor allem im Bußritus der Eucharistiefeier und in Bußgottesdiensten zur Geltung kommen. ... Alle, die in der Kirche Amt oder Einfluß haben, werden besonders aufgefordert zur Aufgeschlossenheit für die Situation des anderen, zu Geduld, Verständnis und Vergebungsbereitschaft. ... Aus ihrer religiösen Sendung erwachsen der Kirche hohe Verantwortung und echte Möglichkeiten, Impulse für Versöhnung, Toleranz und Konfliktbewältigung zu geben. ... Christen sind aufgerufen, durch Wort und Beispiel Gesinnung des Friedens zu wecken und zu wahren in Verbindung mit allen Menschen guten Willens. ... Für die Bewältigung unvermeidbarer Konflikte gilt, daß sie brüderlich, in Liebe und Wahrhaftigkeit gelöst und ausgehalten werden müssen. ... Ein dauerhafter Friede ist nicht denkbar ohne einen gerechten Ausgleich zwischen den wohlhabenden Industrienationen und den Entwicklungsländern."

Die Errichtung der Berliner Bischofskonferenz (BBK) vom Ende Oktober 1976 ist zwar das Ergebnis der vom Sozialismus herbeigeführten und erzwungenen Trennung zwischen Ost und West, aber auch gleichzeitig der Versuch Roms, in einer anscheinend ausweglosen Situation der Kirche in der DDR einen größeren Bewegungsraum zu schaffen:

„Durch Entscheidung des Heiligen Vaters ist die bisherige Berliner Ordinarienkonferenz, der Zusammenschluß der Bischöfe und Ordinarien im Gebiet der Deutschen Demokratischen Republik, als selbständige Bischofskonferenz (auctoritas territorialis), gemäß den Bestimmungen des Zweiten Vatikanischen Konzils (Christus Dominus 38,1; vgl. Motu proprio Eccelesiae 41,2) anerkannt."

Diese größeren Veränderungen in den kirchlichen Strukturen lassen uns Bischöfen keine Verschnaufpause in der Auseinandersetzung mit dem System. Die christliche Ehe ist immer wieder in Frage gestellt und braucht unsere vielfältigen Klärungen:

„Allen, den Verunsicherten oder Suchenden wie auch denen, deren Mut zur Treue ungebrochen ist, ... will unser Hirtenwort eine klare Wegweisung und eine brüderliche Hilfe sein: Die Ehe ist ein Sakrament; die geschlechtliche Gemeinschaft ist der Ehe vorbehalten; christliche Ehe hat die Glaubensgemeinschaft zum Fundament; christliche Ehe sagt ja zum Kind; christliche Ehe ist ein unauflöslicher Bund."

Um allen Versuchen der Partei und ihren Gliederungen in der DDR, in die Kirche einzubrechen und dort Positionen aufzubauen, auch in der Zukunft keine Chancen zu geben, werden von uns Bischöfen frühere Verfügungen ins Gedächtnis gerufen, neue Versuche besonders der CDU, unter den Christen ihren Einfluß zu stärken, abgeblockt. Die Reaktion in den Kreisen der CDU war heftig, da sie selbst seit langem erkennen müssen, daß sie auch in den kirchentreuen Reihen wenig Vertrauen genießen:

„Eine Zusammenarbeit mit politischen Parteien (z. B. CDU) oder Organisationen (z. B. Berliner Konferenz, Christliche Friedenskonferenz) ist im Interesse der Kirche ... nicht möglich. Daher kommen für kirchliche Amtsträger nur Gespräche mit staatlichen Stellen in Frage. Dafür gilt folgende Ordnung (1. 6. 1977):

Auf Ortsebene verhandelt etwa anstehende Sachfragen (z. B. in Grundstücks- oder Bauangelegenheiten) der Pfarrer unter Hinzuziehung eines Begleiters,

auf Kreisebene verhandelt etwa anstehende Sachfragen (wie oben) der Dechant unter Hinzuziehung eines Begleiters.

Gespräche auf Bezirksebene sind Angelegenheiten des Bischofs oder eines von ihm Beauftragten unter Hinzuziehung eines Begleiters.

Gespräche auf Regierungsebene obliegen allein dem Vorsitzenden der Berliner Bischofskonferenz.
Über alle Gespräche ist ein Registrat anzufertigen, das bei Gesprächen auf Ortsebene dem Dechanten und bei Gesprächen auf Kreisebene dem Bischof umgehend zuzuleiten ist.
Werden bei Sachgesprächen oder nichtvereinbarten Besuchen durch staatliche Vertreter politische Themen angesprochen, so werden diese ohne Stellungnahme zur Kenntnis genommen.
Vertreter von Kirchenvorständen, Pfarrgemeinderäten, Dekanatsräten usw. sowie die Vertreter kirchlicher und karitativer Institutionen (z. B. Priesterseminar, Studium, Krankenhäuser usw.) sind nicht befugt, im Namen der jeweiligen Institution oder im Namen der katholischen Kirche zu sprechen."
Ein Problem besonders scharfer Auseinandersetzung wird die Einführung des Wehrunterrichtes in den 9. und 10. Klassen der Oberschulen. Wir Bischöfe wenden uns direkt an die Regierung der DDR und versuchen (ohne Erfolg), sie zu verhindern. Die praktische Durchführung stockt in vielen Schulen schon dadurch, daß keine „Fachlehrer" vorhanden sind und die Abneigung der Schüler manches verhindert (12. 6. 1978):
„Es ist für uns kein Zweifel, daß die Einführung dieses Unterrichtes bei Eltern, Jugendlichen, Studenten schwere Bedenken und teilweise Beunruhigung ausgelöst hat. ... Die militärische Ausbildung von Schülern ist mit einer Erziehung zum Frieden nicht vereinbar. ... Es entsteht zwangsläufig eine neue Belastung junger Menschen, ... , weil im Plan der Wehrerziehung für die Jungen militärische Ausbildungslager mit Einübung in den Waffengebrauch vorgesehen sind. ... Die Einführung des Wehrunterrichtes und die damit verbundene vormilitärische Ausbildung setzt sich ferner über das Erziehungsrecht der El-

tern hinweg. ... Zu unserem Bedauern und mit tiefer Sorge sehen wir nunmehr von neuem jene Tendenz bestätigt, die im ganzen Bildungs- und Erziehungswesen seit langem und konsequent einen staatlichen Totalanspruch auf den Menschen durchsetzen will. ... Nahezu gleichzeitig mit der geplanten Einführung des Wehrunterrichtes erreicht uns die Meldung über die Einführung einer Arbeiterweihe, durch die junge Facharbeiter mit einem Gelöbnis auf die ,Weltanschauung und Ideale der Arbeiterklasse, ... auf die große und edle Sache des Sozialismus/Kommunismus' verpflichtet werden sollen. ... Das Bestreben zur totalen Vereinnahmung des Menschen ... wird von den Betroffenen immer wieder mit Unehrlichkeit, mit innerer und äußerer Flucht, bisweilen auch mit Protest beantwortet werden." Es sind die allgemein desolaten Verhältnisse im Schulsystem wie im öffentlichen Leben überhaupt, die uns Bischöfe zu dem Hirtenwort zur österlichen Bußzeit 1981 veranlassen: Haben wir Christen noch eine Chance in der DDR?:
„Immer wieder wird in den Medien und Schulungen gesagt, daß wir auf dem Weg zum Kommunismus sind. Bis dahin wird Religion sich zwangsläufig abgebaut haben. Sie wird keinen Lebensraum mehr haben. ... Wir sind eine kleine Herde, eine Minderheit in der Diaspora, aber ihr Reichtum ist es, daß trotz ihrer Unvollkommenheit Christus in ihrer Mitte lebt. Deshalb ist unsere Diasporakirche eine Keimzelle der Hoffnung und des Heiles. ... Durch uns ist Gott da in dieser atheistischen Gesellschaft, die ihn nicht will. Durch uns macht sich Gott zum Nachbarn des Atheisten. ... Eltern dürfen ihr Ersterziehungsrecht nicht aus der Hand geben, und keiner darf es ihnen aus der Hand nehmen. Auch der Staat muß bei seinen Erziehungszielen den Willen der Eltern beachten. ... Noch schwerwiegender greift in das Recht der freien Religionsausübung ein die von Tausenden katholischen Eltern und

Kindern leidvoll erfahrene Praxis in der Frage der Jugendweihe. ... einem solchen moralischen Druck ausgesetzt, daß von Freiwilligkeit nicht mehr die Rede sein kann. ... Christ ist, wer mit Christus lebt – mit Christus, der in seiner Kirche gegenwärtig ist. Darum brauchen wir die Gemeinschaft der Kirche. ... Ist sie klein und eng gewordene Ghetto-Kirche, an der wir leiden, oder ist sie die Kirche, die wir lieben und in der zu leben unsere Freude ist? ... Wir sind füreinander und miteinander verantwortlich, daß unsere Kirche hier und heute so lebt, daß in ihrer Gemeinschaft das liebenswerte Antlitz Christi erkennbar wird. ... Wenn wir im Leben tun, was wir in der Eucharistie feiern, finden wir mit Sicherheit auch in unserer Diasporakirche die Gemeinschaft, die wir brauchen."
Um eine theologische Sicht in Fragen des Friedens bleiben wir Bischöfe besorgt, zumal in den öffentlichen Diskussionen die „Friedensfrage" zu einer Frage der Ideologie gemacht wird (1. 1. 1983):
„Wenn Christen über den Frieden sprechen, dann verweisen sie darauf, daß der Friede letztlich eine Gabe Gottes in Jesus Christus ist. ... Doch ist uns andererseits durch unseren Glauben jede Form von Resignation oder gar Angst verwehrt. ... Aber die Kirche kann dort nicht schweigen, wo sie Fehlentwicklungen sieht, die ins Verderben führen können. ... Wir Bischöfe machen uns die eindringliche Forderung des Heiligen Vaters nach einer fortschreitenden beiderseitigen und kontrollierbaren Abrüstung der Machtblöcke zu eigen. Der Rüstungswettlauf zwischen Ost und West ist ein ‚unerträgliches Ärgernis'. Er macht aus dem Gleichgewicht der Kräfte ein Gleichgewicht des Schreckens. ... In keinem Krieg, aus welchem Grund er auch geführt werden mag, ist der Einsatz von ABC-Waffen zu rechtfertigen. ... Es ist offenkundig, daß die moderne Kriegstechnik die überkommene Auffassung von ‚gerechten Kriegen' in eine Krise führt. ... In der ‚An-

ordnung des nationalen Verteidigungsrates in der DDR für die Aufstellung von Baueinheiten' vom 7. 9. 1964 wird gesetzlich geregelt, daß die Wehrpflichtigen, die aus religiösen Anschauungen oder aus ähnlichen Gründen den Dienst mit der Waffe ablehnen, einen Wehrersatzdienst ohne Waffe leisten dürfen. Diese Regelung bleibt auch nach dem neuen Wehrdienstgesetz vom 25. 3. 1982 in Kraft. Wer von dieser gesetzlichen Möglichkeit Gebrauch macht, sollte sicher sein, daß ihm daraus keine Nachteile für den eingeschlagenen oder zukünftigen Berufsweg erwachsen. ... Wenn wir das alles bedenken, ... können wir nicht zum Wehrkundeunterricht schweigen. ... Mit Sorge beobachten wir, wie das Denken in militärischen Kategorien immer mehr zum Bestandteil der schulischen Erziehung und der Berufsausbildung wird. ... Die Berliner Bischofskonferenz hatte seinerzeit der Regierung der DDR ihre schweren Bedenken gegen die Einführung des Wehrkundeunterrichtes mitgeteilt. Wir hätten gewünscht, mit unserer Besorgnis mehr Beachtung zu finden. Wir sehen uns durch die bisherige Entwicklung in diesen Bedenken bestärkt. In diesem Zusammenhang weisen wir erneut auf das unaufgebbare Erziehungsrecht der Eltern hin, für das wir Bischöfe mehrfach öffentlich eingetreten sind. ... Liebe Eltern! ... Sorgt in eurer häuslichen Erziehung dafür, daß die Kinder nicht durch das Fernsehen oder durch Spielzeug an die Gewalt gewöhnt werden."

Zur Vorbereitung auf den Katholischen Jugendkongreß 1985, der unter das Thema gestellt ist „Christus, unsere Zukunft", wird von uns Bischöfen diese Zukunft thematisch aufgefüllt und der Jugend der Kirche Mut gemacht: „Im Mai soll in Berlin ein katholischer Jugendkongreß stattfinden. ... Über dem Jugendkongreß steht das Wort: Christus, unsere Zukunft. ... Wir denken mit Sorge: ... Wird es in Zukunft noch Jugend in der Kirche geben? ...

Wir freuen uns über das junge Leben in den Gemeinden, über Jugendmessen und Jugendwallfahrten, über Gruppenstunden und Meditationsrunden, über die Bereitschaft zum diakonischen Dienst und zum Zeugnis in der Welt. ... Christus, unsere Zukunft! Das heißt: Christus ermöglicht neues Leben – Christus schenkt Versöhnung – Christus überwindet Schranken – ist aber nur Zukunft, wenn wir uns für ihn entscheiden. ... Diese Entscheidung aber wird in unserem Alltag oft heißen: anders sein und anders leben, als ‚man' es heute vielfach für richtig und normal hält. ... Wer sich für Christus entscheidet, darf aber nicht vorankommen wollen um jeden Preis. ... Man fürchtet sich heute vor einer Dauerbindung in der Ehe, weil sie uns auch etwas abverlangt. Viele Frauen wählen bei eingetretener Schwangerschaft die Abtreibung des Kindes, weil das Kind auch etwas von uns fordert. ... Anders sein heißt aber nicht: Gegen die anderen sein. Christen leben nicht in einer dauernden Opposition."

Es überrascht den Leser, daß die Kirche noch einmal – wie 1977 (siehe Seite 104) – und mit Nachdruck die „Beziehungen der Christen zu staatlichen Organen sowie zu politischen und gesellschaftlichen Organisationen" herausstellt:

„Die Bischöfe bekräftigen erneut den Grundsatz der Trennung von Kirche und Staat, nach dem sich in der Deutschen Demokratischen Republik die Beziehungen zwischen der Kirche und der öffentlichen Autorität regeln. ... Eine Zusammenarbeit mit politischen Parteien und Organisationen und deren Organen ist im Interesse der Kirche ... nicht möglich. ... Für die Beziehungen zwischen kirchlichen Amtsträgern und staatlichen Organen gilt folgende Ordnung: siehe Seite 104ff.

Repräsentative Aufgaben bei zentralen offiziellen Veranstaltungen des Staates werden namens der katholischen Kirche allein durch den Vorsitzenden der Berliner Bischofskonferenz wahrgenommen. Die Repräsentation der katholischen Kirche auf höchster staatlicher Ebene in der Deutschen Demokratischen Republik schließt die kirchliche Repräsentation auf Bezirks-, Kreis-, Stadt- und Ortsebene mit ein. Die Beteiligung an Stadt- oder Ortsjubiläen ist vom zuständigen Pfarrer mit seinem Ordinarius abzusprechen."

Eine geradezu programmatische Erklärung wird unser Pastoralschreiben an die Priester und Diakone in der DDR vom 8. 9. 1986. Die kirchenfeindliche Situation hat sich zwar nicht geändert, aber ihre Taktik. Der frontale Angriff wird von einer Taktik des „Schulterklopfens" abgelöst, vor allem die CDU aufs Parkett geschickt. Da wollen wir Bischöfe zur Klarheit in der Wahrnehmung und zur Entschiedenheit im Verhalten verhelfen. Wir sehen aber auch die Chancen und bieten Hilfen für die Christen in der Welt:

„Zur gegenwärtigen Situation der katholischen Kirche in der DDR: In den Herzen der Menschen breitet sich als Grundmentalität der Lebensführung ein praktischer Materialismus aus, der den Gottesglauben erstickt oder unmöglich macht. ... Unsere Kirche lebt nicht nur in einer vom Säkularismus geprägten Gesellschaft (wie etwa auch in westlichen Ländern), sondern zudem in einer Gesellschaft, die gemäß den Lehren des Marxismus-Leninismus eine neue Sinnmitte erhalten soll: den Sozialismus bzw. [später] den Kommunismus. ... Das hat beträchtliche Konsequenzen für alle Lebensbereiche des Menschen. ... Der sozialistische Staat verlangt Bürger, die sich zu ihm bekennen. ... Manchmal haben (die Christen) sich einen beachtlichen ‚Freiraum' für ihr Leben in Beruf und Öffentlichkeit erkämpft und versuchen, diesen zu behaupten. Andererseits aber entstehen für gläubige Christen im gesellschaftlichen Bereich gerade wegen ihrer christlichen Überzeugung handfeste Konflikte, die das Leben in Familie und Beruf belasten und zu Verbitterung und Resignation führen können. Manche sehen dann nur noch den Ausweg, für sich und die Familie den Ausreiseantrag zu stellen. ... Wir müssen freilich allen Gläubigen einen Weg aufzeigen, wie sie als Christen hier leben können, ohne ihr Gewissen zu verleugnen. ... Der weltanschauliche Charakter der Schule, deren Besuch auch für christliche Schüler verpflichtend ist, wird offen ausgesprochen. ... Das Schulgesetz von 1979 verpflichtet die Pädagogen zur ‚kommunistischen Erziehung' ihrer Schüler, was theoretisch und praktisch auch die Erziehung zum Atheismus intendiert. ... Es wird versucht, die Kirchen und einzelne Christen in, den Aufbau und die Stärkung der sozialistischen Gesellschaft' ... einzubeziehen. ... Christliche und allgemein menschliche Werte werden von diesem Maßstab her neu definiert bzw. umgeformt. Das belastet die gewünschte Zusammenarbeit zwischen Atheisten und Gläubigen beträchtlich. ... Die Kirchen sollen sich ... dem gesellschaftlich angestrebten Gesamtziel einordnen und von daher ihre Existenzberechtigung empfangen. ... Das erklärt auch die verstärkten Anstrengungen der CDU, aktive christliche Laien und möglichst auch Priester für die politische Mitarbeit zu gewinnen. Auch bei der Werbung für die Jugendweihe ist diese Tendenz sichtbar. ... Die Kirche wird sich darauf einzustellen haben, daß administrative Maßnahmen, die den Wirkungsraum der Kirche einengen und die Kirche vielleicht auch disziplinieren sollen, nie gänzlich auszuschließen sind. ... Die die Kirchen und Religionsgemeinschaften betreffenden Artikel der Verfassung der DDR von 1949 und die einschlägigen Veränderungen von 1968 vermögen dies auch zu belegen. In jüngster Zeit kommt nun eine wachsende Eigenständigkeit territorialer staatlicher Organe ins Spiel, so daß in den konkreten Erscheinungsformen staatlicher Kirchenpolitik beträchtliche Varianten im Verhalten vor Ort anzutreffen sind."

„Die Kirche ist im Auftrag ihres Herrn für die Menschen da, wo immer und unter welchen gesellschaftlichen Bedingungen diese auch leben. ... Das unbeugsame Festhalten an ihrer Eigenständigkeit darf die Kirche auch unter sozialistischen Verhältnissen nicht zur Disposition stellen. Deshalb hat die Trennung von Staat und Kirche einen kaum zu überschätzenden Wert. ... Wir sind nicht eine Landeskirche, sondern katholische Weltkirche in einem Land. ... Wir können nur ‚im Namen des Herrn' in die Arena der gesellschaftlich-politischen Alltagsfragen treten, sonst werden wir darin zum Spielball fremder Interessen. Das heißt konkret: Der von der CDU und den ihr nahestehenden Gruppen verfolgten Tendenz, Priester, Diakone, Sprecher von kirchlichen Gremien, Leiter karitativer Einrichtungen u. a. in die partei- und gesellschaftspolitische Arbeit hineinzuziehen, muß mit aller Entschiedenheit widerstanden werden. ... Eine Mitarbeit in Gremien und Institutionen, deren marxistisch-leninistischer Charakter wiederholt und betont herausgestellt wird, kann es für den Christen nicht geben. Das gilt insbesondere für die Mitgliedschaft in der SED. ... Wer lange zaudert, mit halben Entscheidungen operiert und faule Kompromisse eingeht, läuft Gefahr, über kurz oder lang auch in wesentlichen Punkten nachzugeben.
Die Christen wollen hier leben, arbeiten und wirken. Aber sie wollen sich nicht einem Weltanschauungsdiktat unterwerfen, das sie unter der Flagge des Sozialismus für den Aufbau einer religionsfreien, atheistischen Gesellschaft vereinnahmt."

Kardinal Meisner, Bischof von Berlin, macht in seiner Predigt am 12. 7. 1987 beim Katholikentreffen in Dresden zum Thema „Gottes Macht – unsere Hoffnung" darauf aufmerksam, daß Weltkirche bedeutet, Kirche für die Welt zu sein, und weiter:

„Die Kirche, die Christen in unserem Land möchten ihre

Begabungen und Fähigkeiten in unsere Gesellschaft einbringen, ohne dabei einem anderen Stern folgen zu sollen als dem Stern von Bethlehem. Wie viele brachliegende Kräfte und stillen Reserven würden dann aktiviert werden, wenn für den beruflichen Einsatz des einzelnen Bürgers vorrangig Sachkompetenz ausschlaggebend wäre."
Papst Johannes Paul II. sagt uns Bischöfen beim Ad-limina-Besuch in Rom am 27. 11. 1987:
„Es bedrängt euch ein alle gesellschaftlichen Bereiche beanspruchender weltanschaulicher Atheismus, der Religion für verkehrtes Denken hält. Es bedrängt euch noch mehr der auch anderswo verbreitete praktische Alltagsmaterialismus, der das Herz stumpf und die Augen blind macht. ... Der grundlegende Weg, auf den die Kirche gerufen ist, ist der Mensch, und zwar der Mensch in all seinen konkreten Lebensbedingungen. ... So werden die Hirten der Kirche auch weiterhin dort ihre Stimme mahnend erheben, wo unveräußerliche Rechte des Menschen in Gefahr sind; sie werden auch für den Schutz des vorgeburtlichen Lebens eintreten, für den freien Wirkungsraum der Kirche, besonders auch in der Unterweisung und Begleitung der Jugend."
Das Hirtenwort über Wert und Würde des ungeborenen Kindes, das am 21. 2. 1988 zu Beginn der Fastenzeit zur Verlesung kommt, hat einen geradezu kämpferischen Ton angesichts der hohen Zahl von Abtreibungen in der DDR und ihrer Fristenregelung:
„Die Sensibilität für die Unantastbarkeit des menschlichen Lebens verbindet heute zunehmend Christen und Nichtchristen. Mit großer Sorge stellen wir jedoch fest, daß dem ungeborenen Kind nicht die gleiche Achtung entgegengebracht wird wie dem geborenen. Die hohe Zahl der Abtreibungen ist dafür ein beredtes Zeichen. Wir Bischöfe sehen uns deshalb verpflichtet, das Gewissen der Gläubigen zu schärfen und alle an ihre Verantwor-

tung für die ungeborenen Kinder zu erinnern. ... Von der Befruchtung im Mutterleib an ist der Mensch in seinen Wesenszügen und Eigenschaften festgelegt. Wenn auch die volle Selbständigkeit des Menschen einer längeren Entwicklung bedarf, so ist menschliches Leben von Anfang an, also auch vor der Geburt, in seinem Wert und seiner Würde zu achten. ... Gegen die Annahme des Kindes werden unterschiedliche Gründe geltend gemacht. ... Das werdende Leben im Mutterleib wird nicht erst zum Menschen, es ist Mensch von Anfang an. ... Darin gründet sein Recht zu leben und sein Anspruch auf Betreuung und Schutz.
Von diesem Recht auf Leben ergibt sich die Verpflichtung zum Schutz des ungeborenen Kindes. ... Wer ein ungeborenes Kind abtreibt oder abtreiben läßt, tötet menschliches Leben. ... Wir erinnern alle Verantwortlichen an die Aufgabe, eine Gesellschaft zu schaffen, in der Mutter, Vater und Geschwister, frei von jeglicher Nötigung, ihre Verantwortung für das ungeborene Leben übernehmen können. ... Ein Kind will Eltern, die in Treue zueinander und zu ihren Kindern stehen. Wer will schon „auf Probe" geliebt oder „auf Probe" in die Welt gesetzt werden? ... Einen ärztlichen Auftrag, Leben zu töten, gibt es nicht. Keine menschliche Macht kann einen Arzt verpflichten, ein ungeborenes Kind zu töten, und keine Krankenschwester kann beauftragt werden, bei einem Schwangerschaftsabbruch mitzuwirken. Auch wenn die staatliche Gesetzgebung den Schwangerschaftsabbruch im vorgegebenen gesetzlichen Rahmen für straffrei erklärt, so ist er damit keineswegs sittlich erlaubt."
In unserem Hirtenwort vom 14. 9. 1988 geht es um die Frage: Wie kann unsere Kirche noch mehr „Keimzelle der Hoffnung und des Heiles" werden?: „Wir haben den klaren Auftrag Christi, seine Frohbotschaft zu allen Menschen zu tragen. ... Darum sind uns dieses Land und

seine Menschen nicht gleichgültig. Der Herr hat uns hierher gestellt, um durch uns … sein Evangelium bekannt zu machen. … Wir sind nur richtig Kirche, wenn wir uns von Christus in die Welt zu den Menschen senden lassen. … Dieser Weltauftrag hat zum Ziel, alle Bereiche unseres weltlichen Lebens dem Willen Gottes gemäß zu gestalten und zu heiligen. … Wir müssen mit Christus innerlich verbunden sein, wenn wir ihn bezeugen wollen. … Wo unser sachlicher Einsatz für ein gutes, vernünftiges und gerechtes Anliegen nötig ist, wo Hilflose und Schwache unseren solidarischen Einsatz brauchen, dürfen wir uns nicht verweigern. Ein Christ sollte aber dort klar und entschieden seine Meinung sagen, wo Sinnloses geschieht oder Unrecht regiert. … Wir wollen also gemäß unserem christlichen Weltauftrag ein mutiges Ja sagen zu unseren Pflichten in Beruf und Alltag. … Die beste Gewähr gegen ungewollte Vereinnahmung ist das konsequente Leben aus dem Glauben und eine radikale Christusbindung. … Ein katholischer Christ kann auch dort nicht mitmachen, wo er Auffassungen vertreten oder Dinge tun muß, die dem Geist Christi widersprechen und mit der eigenen Gewissensüberzeugung nicht vereinbar sind. … Wir alle bedürfen der Bereitschaft zu Umkehr und Buße. Daraus erwachsen die geistlichen Kräfte, die uns als Kirche auch in Zukunft zu selbstlosem Dienst an den Menschen befähigen werden."

Die Unruhe in der Bevölkerung der DDR ist so groß, daß sie auch von uns Bischöfen benannt werden muß. Das geschieht erstmalig bei der Vollversammlung der BBK in Friedrichroda am 4./5. 9. 1989, dann im Interview mit Bischof Dr. Wanke, Erfurt, am 12. 9. 1989 unter dem Stichwort: Wir sind beunruhigt und besorgt.

Ich selbst nenne dann in meinem Hirtenbrief vom 20. 9. 1989 unter dem Thema „Tausende haben die DDR verlassen" die Gründe für das allgemeine Chaos und bitte

die Gemeinden um ihre Stellungnahmen, die vieltausendfach auch eingehen. Ich stelle Forderungen, die sich im Zuge der politischen Veränderungen auch erfüllen:
„Tausende von Mitbürgern, wir wissen bis heute noch nicht, wie viele tausend Christen unter ihnen sind, haben die DDR verlassen ... überall sind Lücken gerissen, die inzwischen nicht mehr zu füllen sind. ... Es macht mich noch mehr betroffen, wie schnell man sich in unserer Presse eine Meinung gebildet hat. ... Die DDR-Bürger, die die Grenze von Ungarn nach Österreich überschritten haben, seien allesamt „Verführte" und der westlichen Propaganda zum Opfer gefallene Menschen. ... Angesichts vieler Fragen, die sich seit Jahren in unserer Gesellschaft stellen und bisher unbeantwortet blieben, angesichts einer grassierenden Resignation haben viele dieser Menschen die bewußte Entscheidung gefällt, dieses Land zu verlassen. ... Warum gibt es bei uns mehrere Parteien, wenn doch nur die eine Recht hat? Warum ist man in Politik und Wirtschaft nicht bereit, Fehler zuzugeben und aus ihnen zu lernen? ... So wird es immer mehr üblich, daß politische Willenskundgebungen über die Lippen vieler Menschen gehen, hinter denen sie nicht stehen. ... Vor allem sollten die staatlichen Behörden Auskunft geben, welche die Hauptgründe sind, die unsere Mitbürger veranlassen, einen Ausreiseantrag zu stellen, und welche Schritte man zu unternehmen gedenkt, um es diesen vielen Menschen zu ermöglichen, in der DDR zu bleiben. ... Ich bitte Sie alle, diesen Punkten ihre Gedanken hinzuzufügen und zu der angesprochenen Thematik Stellung zu nehmen. ... Ich bitte Sie, sich Gedanken zu machen, sich einzumischen: Teilen Sie mir Ihre Ängste, Ihre Hoffnungen, Ihre Wünsche, Ihre Nöte, Ihre Vorschläge mit. ... Ob unsere Meinung erwünscht ist oder nicht, wir fühlen uns von Gott her verpflichtet, unsere Stimme zu erheben, mit dafür Sorge zu tragen, daß das Ruder noch herumgeris-

sen wird, bevor es zu spät ist. ... Wir müssen nach einem Weg suchen, der uns angemessen ist und von einer breiten Schicht der Bevölkerung mitgetragen wird. Wir müssen Mißstände beseitigen, um eine demokratische Gesellschaft zu schaffen, in der sich möglichst alle Menschen wohl fühlen können. ... Bitte übersenden Sie Ihre Meinungen und Gesprächsergebnisse bis zum 10. 10. 1989 nicht auf postalischem Wege, sondern über Ihr Pfarramt."

Die Bischöfe von Berlin (24. 9. 1989), in Görlitz (28. 9. 1989), in Erfurt (9. 10. 1989), von Dresden-Meißen (16. 10. 1989), in Schwerin (24. 10. 1989) wenden sich mit ähnlichen Forderungen an die Gläubigen.

Der gemeinsame Hirtenbrief von 19. 12. 1989 geht auf die gewaltigen Veränderungen in der DDR ein und fügt unseren kirchlichen Auftrag in der veränderten Situation an:

„Dieses zu Ende gehende Jahr des Herrn 1989 wird tief in unserer Erinnerung bleiben. Es brachte für unser Volk und für die östlichen Nachbarvölker Veränderungen von ungeahntem Ausmaß. In die Freude über das Ende der mehr als vierzig Jahre dauernden Diktatur mischen sich beim Blick in die Zukunft für manche Menschen aber auch Unsicherheit und Besorgnis. ... Die bis an die Wurzeln reichenden Veränderungen in Gesellschaft und Staat haben auch Auswirkungen für unsere Kirche. ... Es sind die gleichen Grundsätze, die unser bisheriges und jetziges Verhalten bestimmen. Seinerzeit ließen sie uns gegenüber dem Machtanspruch des sozialistischen Staates unter Führung der SED eine klare Haltung der Verweigerung einnehmen und die Beziehungen auf unbedingt notwendige Sachgespräche beschränken. Heute ist angesichts einer Entwicklung, die auf ein sich demokratisch öffnendes Gemeinwesen hingeht, eine engagierte Mitwirkung von uns allen gefordert, ... im Rahmen der neu gewonnenen

Möglichkeiten unsere Verantwortung für unser Volk wahrzunehmen. Stellung zu nehmen zu den Lebensfragen unseres Volkes bedeutet heute einzutreten für den Menschen und für eine auf Recht und Gerechtigkeit beruhende menschliche Gemeinschaft. ... Und wir werden darauf zu achten haben, daß sich Gesellschaft und Staat nicht Zuständigkeiten aneignen, die den Menschen in seiner Freiheit und Verantwortlichkeit einschränken. ... Wir brauchen ein Schulwesen, das frei ist von ideologischer Bevormundung und das Chancengleichheit für den Zugang zu den Bildungseinrichtungen gewährt. Politische Kinder- und Jugendorganisationen – wie bisher Junge Pioniere, FDJ oder GST – haben an Schulen ebensowenig zu suchen wie die immer noch dort vorbereiteten Jugendweihefeiern. ... Unsere Verantwortung ist groß. Der Spielraum für die Wahrnehmung dieser Verantwortung ist durch die Veränderungen in Staat und Gesellschaft gewachsen."

Der verbissene und endlos erscheinende Kampf, den die SED und ihre Lakaien vier Jahrzehnte mit der Kirche geführt haben, ist zu Ende. Wer die Vergangenheit nur mit dem Blick des Historikers überschaut, für den bleiben viele Zusammenhänge undeutlich. Dieser Machtapparat ist ausgestattet mit Waffen aller Art, mit einer bis in die letzte Kaserne durchtrainierten „Nationalen Volksarmee", einer durch „Kampfgruppen" verstärkten „Volkspolizei", einem flächendeckenden Kontrollapparat (Stasi), einer willfährigen Funktionärsclique. Er packt quasi über Nacht seine Koffer und verschwindet aus dem öffentlichen Leben. Es gibt eine andere Erklärung als die, das habe an verpaßten Einsätzen, an Mängeln in den Kommandostrukturen, an Gorbatschow, Jelzin o. a. gelegen.

So wie David seinen Sieg über Goliath ankündigte, daß er „im Namen des Herrn der Heerscharen" komme, so ist auch der Untergang der DDR ohne die zugreifende Hand Gottes nicht zu erklären. Wer Wunder nur als einen Zauber versteht, der andere überrascht, nicht aber als Wirken Gottes, das durch die Seele der Menschen geht, kann den ganzen Vorgang nicht begreifen. Als das Volk auf den Straßen der DDR den Ruf „Wir sind das Volk“ umtextete auf den Vers: „Wir sind ein Volk“, war der Durchbruch, das „Wunder“ passiert.

Der gemeinsame „Aktionsausschuß katholischer Christen“ in der DDR gibt vor der Wahl zur Volkskammer der DDR am 18. März 1990 Richtlinien heraus, die katholischen Christen bei der Wahlentscheidung hilfreich sein sollen. Es geht um die Grundrechte, die das Leben des einzelnen und der Gemeinschaft bestimmen. Deutschland muß aus seiner oft tragischen Geschichte lernen, was die Staatsform der Demokratie, das Leben mit seinen Nachbarn angeht. Die Achtung der Menschenrechte, die Rechte der Familie, die Erneuerung des zerrütteten Bildungswesens, der Aufbau einer heruntergekommenen Wirtschaft müssen Anliegen der Christen in einem neuen gemeinsamen Staate sein.

Die Wahlen am 18. 3. 1990 und am 6. 5. 1990 werden von uns Bischöfen mit hohem persönlichem Einsatz begleitet.

Die stets durchgehaltene Ablehnung der sog. „Berliner Konferenz europäischer Katholiken“ wird erneut deutlich gemacht und alle Versuche, dieser von der SED getragenen Gruppe – von der Regierung Modrow vor dem Ertrinken bewahrt – das Weiterleben nach der Wende zu ermöglichen, abgelehnt. So unsere Erklärung vom 11. 7. 1990.

Der Schutz des ungeborenen Lebens beschäftigt uns in diesen turbulenten Tagen und wendet sich wieder gegen die in der DDR bestehende sog. Fristenlösung. Es ergeht eine klare Forderung an die erstmals frei gewählten Ab-

geordneten der Volkskammer der DDR, alle Möglichkeiten für einen stärkeren Schutz des menschlichen Lebens zu erwägen (12. 6. 1990). Die Bischöfe der (west-)deutschen und der Berliner Bischofskonferenz appellieren an eine gemeinsame Zukunft in West und Ost. Zum Tag der Einheit Deutschlands am 3. Oktober 1990 wird von uns Bischöfen nicht nur in Dankbarkeit der letzten Ereignisse gedacht, sondern auch die gute Zukunft herbeigewünscht.
(Dokumente und öffentliche Äußerungen nach Lange, Katholische Kirche – Sozialistischer Staat DDR, Leipzig 1992)

IX.

DDR – die große Täuschung

Die Dauerlüge als Schlange im „Roten Paradies"

Bevor ich meinen Text zu Ende bringe, möchte ich noch einen Einblick geben in die grundlegenden Erfahrungen mit dem sozialistischen System, die in den vier Jahrzehnten seiner Herrschaft vielfach erlebt wurden und mit zahlreichen Beweisen, persönlichen Erlebnissen und anderen Dokumenten zu belegen sind.

Der Sozialismus, wie er in der DDR meist sehr schmerzhaft von den Menschen erfahren wurde, war bis in seine tiefsten Verflechtungen hinein menschenfeindlich. Für den Theologen wie den christlich orientierten Historiker sind die Gründe zu finden in seiner atheistischen Einstellung, die mit dem Glauben an Gott auch auf das christliche Menschenbild verzichtet hat und damit einer Willkür in der Behandlung des Menschen (Mißachtung persönlicher Rechte, einseitige Vereinnahmung durch den Staat, parteigelenkte Disziplinierung u. a.) alle Türen geöffnet hat.

Das Bild von der Schlange im Paradies, die als Verführerin Wahrheiten, Lügen und Versprechungen so geschickt vermischte, daß alle Bedenken von den Stammeltern beiseite geschoben wurden (Gen 3), drängt sich dem Betrachter auf, wenn er die vierzig Jahre der SED-Führung in der Gestalt der biblischen Schlange zusammenfaßt.

In Kapitel IV. habe ich in der Auseinandersetzung mit dem sozialistischen System auf die theoretischen Verengungen, den „Verlust der Mitte", verwiesen. In den beiden Kapiteln VII und VIII geben die Angriffe der SED auf Grundrechte der Kirche und ihre über viele Jahre anhal-

tenden heftigen Kämpfe gegen Religion und Kirche sehr lebhafte Einblicke in dieses „Arbeitsfeld" des kämpferischen Atheismus und Sozialismus.
Einige dieser „Arbeitsfelder" möchte ich näher beleuchten. Vornan stehen die Bemühungen, im politischen Raum die führende Kraft zu werden und diese Macht abzusichern gegen Kräfte, die aus innerpolitischen Gründen oder im „sozialistischen Lager" dieses Bemühen gefährden können. Der DDR wurden diese Bemühungen leicht gemacht, da die sowjetische Besatzungsmacht voll hinter ihr stand. Gleich von Anfang an macht sich ein Maß an Gewalt und Rücksichtslosigkeit bemerkbar, das oft an die bösen Erfahrungen der jüngsten Nazi-Vergangenheit erinnerte.
Millionen von deutschen Soldaten haben nach dem verbrecherischen Überfall Hitlers auf die Sowjetunion (22. 6. 1941) bis Ende 1942, der Katastrophe von Stalingrad und dem Rückzug bis Ende 1944, viele Einblicke nehmen müssen in die innere Situation der Sowjetunion. Eine jahrzehntelange Unterdrückung (Tod, Deportation, Zwangsarbeit u. a.) hat Millionen von Opfern unter der Diktatur Stalins in der Sowjetunion und in den eroberten Ländern das Leben gekostet. Alle wußten, daß die Rache der in Deutschland einfallenden Roten Armee furchtbar sein werde. So starben in den Städten und Dörfern wieder Millionen, Frauen wurden vergewaltigt, Häuser in Brand gesteckt. Und als sowjetische Soldaten am 2. Mai 1945 die Kapitulation Berlins erzwangen, zog sich eine breite Blutspur quer durch den Osten Deutschlands. Diese bösen Vorgänge, an denen Hitlers Widerstandswahnsinn große Schuld trug, hat unter den Deutschen eine tiefe und bittere Abneigung gegen die Sowjetunion hervorgebracht, die sich in den DDR-Zeiten nicht aufarbeiten ließ. Der Versuch, in der „Gesellschaft für deutsch-sowjetische Freundschaft" eine verträgliche Zusammenarbeit aufzu-

bauen, scheiterte. Hinzu kamen die anhaltenden Demontagen der in der DDR liegenden Fabriken, selbst vieler Kilometer von Bahngleisen, von denen in vielen Fällen auch in Rußland (Sowjetunion) nur der Schrottwert blieb.
Von geradezu exemplarischer Bedeutung wurde der Einfluß Stalins auf die politischen Verhältnisse in der DDR. Für ihn war diese DDR ein besiegtes Land, das sich als Vasall des sowjetischen Kommunismus unterzuordnen hatte und keine Freiheiten, keine Hilfen – wie etwa den Marshallplan für den Westen – zu erwarten hatte.
Stalin hatte schon vor dem Beginn des Rußlandfeldzuges (22. 6. 1941) am 23. August 1939 einen deutsch-sowjetischen Nichtangriffspakt unterzeichnet, in dem die Aufteilung Polens und ein ganz Ostmitteleuropa betreffendes Geheimabkommen eingeschlossen waren. Die Welt sollte über die wahren Absichten der deutschen und sowjetischen Diktatoren getäuscht werden. Stalin fuhr mit dieser Methode nach seinem Sieg über Hitler-Deutschland auch beim Aufbau der inneren Strukturen der eroberten Gebiete fort:
Die Gruppe Ulbricht ist bereits am 9. Mai 1945 – einen Tag nach der Kapitulation – in Berlin und übernimmt am 13. 5. 1945 in Berlin-Friedrichsfelde die Arbeit mit verantwortlichen Funktionären aller Berliner Verwaltungsbezirke. Ulbricht erklärt die Politik der KPD und nennt als wichtigste Aufgabe die „Organisierung eines demokratischen Lebens im Kampf gegen das Chaos und für den friedlichen Wiederaufbau". Der Kommunist Ulbricht hat viele Jahre der Emigration in der Sowjetunion verbracht, nie ein Stück echter Demokratie erlebt, hat selbst mit knapper Not die stalinistischen Säuberungsaktionen überstanden und war so engstirnig auf den Marxismus-Leninismus ausgerichtet, daß sein Ziel auch für Deutschland die Herrschaft der Arbeiterklasse im sowjetischen Stil blieb. Für ihn ist Demokratie nur über den rücksichtslosen

Einsatz von Macht zu erreichen, um in der „Diktatur des Proletariates" die letzten bürgerlichen Reste zu beseitigen „und für die Neuordnung der Wirtschaft alle werktätigen und ausgebeuteten Massen zu organisieren" (Lenin). Man praktiziert nun laufend und konsequent die Unterdrückung in allen politischen Bereichen und spricht von Demokratie. Da der Begriff im Bewußtsein der Menschen einen besseren Klang hat als die sozialistische Wirklichkeit ihn zuläßt, da der Klassenkampf mit den Bajonetten der sowjetischen Soldaten gewonnen ist, kann Ulbricht den „ersten sozialistischen Staat auf deutschem Boden" am 7. 10. 1949 als Deutsche Demokratische Republik begründen.

Nun geht auch die große Täuschung weiter: Die Masse der Mitglieder der KPD und SPD hat keinen Einfluß auf den Kurs der Partei, die ihre Weisungen weiter von Moskau erhält. CDU und LDP, mit großem Anhang unter der Bevölkerung, versuchen anfangs eine selbständige Politik zu treiben, werden aber durch die Sowjetische Militäradministration (SMAD) nach dem Prinzip der „Einheitsfront der antifaschistisch-demokratischen Kräfte" (14. 7. 1945) mehr und mehr in ihrer Betätigung eingeengt. Diese SMAD erzwingt die Vereinigung von SPD und KPD zur SED (Sozialistische Einheitspartei Deutschlands) im April 1946. Sie ist das Ergebnis von Zwang und Druck, nicht – wie laut betont – von den Werktätigen gewollt. Die Kommunisten in der SED verdrängen bis auf wenige optisch durchgehaltene Ausnahmen (z. B. Grotewohl) die Sozialdemokraten. Die Lüge besetzt auch die Massenorganisationen, so entstehen der „Freie Deutsche Gewerkschaftsbund" (FDGB), die „Freie Deutsche Jugend" (FDJ), der „Verein der gegenseitigen Bauernhilfe" (VdgB), deren Schlüsselstellungen die Kommunisten übernehmen. Die Andersdenkenden werden eingeschüchtert, eine aufkommende Opposition verhindert.

Aktive Gruppen, die sich am Aufbau einer echten Demokratie und funktionierenden Wirtschaft beteiligen wollen, verlassen bereits in diesen Anfängen das Land und gehen „zum Westen“.
Um einen ungewissen Ausgang bei den Wahlen zu verhindern, werden vom 15./16. Mai 1949 an „Einheitslisten“ aufgestellt und so durch vorher festgelegte Anteile aller Parteien und Massenorganisationen das Ergebnis auf dem gewünschten Stand gehalten. So kommen zwischen 99,25 und 99,95 % „Ja-Stimmen“ zustande, dabei wird großspurig der „demokratische Charakter dieser Zettelabgaben (sprich „Wahlen“) betont. Wer es sich beruflich leisten kann, bleibt dieser Komödie fern, doch nur wenige können und tun es, da die „Wahlbeteiligung“ oder das Fernbleiben in den Akten des Staatssicherheitsdienstes (Stasi) vermerkt und gegen den Betreffenden bei Bedarf ausgespielt wird. Wenn ich mir das alles wieder ins Gedächtnis zurückrufe, wird mir fast übel dabei.
Der große Volksaufstand gegen das Regime am 17. 6. 1953 hat zwar zum äußeren Anlaß die Erhöhung der Arbeitsnormen um 10 %, aber es ist auch ein ohnmächtiger Versuch, dieses System der Täuschung und der Lüge loszuwerden. Natürlich wird in der Presse weiter getäuscht und gelogen: Westliche Agenten seien die Drahtzieher gewesen, man habe in der DDR nur das Wohl der Menschen im Auge gehabt. Diese Menschen werden in Massen inhaftiert, erschossen oder um jede Zukunft gebracht. Die Sowjetunion versucht, durch einige spektakuläre Maßnahmen die Stellung der DDR-Behörden zu stärken: Die Reparationsleistungen werden 1953 für beendet erklärt, die Besatzungskosten auf 5 % der Staatseinnahmen beschränkt, die Sowjetischen Aktiengesellschaften (SAG) an die DDR übergeben, die DDR 1954 als souveräner Staat von der UdSSR anerkannt, der Kriegszustand mit Deutschland 1955 beendet. Diese Maßnahmen bewirken

in der Bevölkerung nichts, da alle um die bleibende Abhängigkeit von der Sowjetunion wissen und die ständigen Täuschungen und Versprechungen das Vertrauen in die Glaubwürdigkeit des Partners untergraben haben. Unter dem Eindruck der Aufstände in Polen (Juni 1956) und Ungarn (Oktober 1956) verstärkt sich die Opposition unter der Arbeiterschaft und den Studenten (Gruppe Harich), doch können keine Liberalisierungsmaßnahmen durchgesetzt werden. Die Auseinandersetzung mit national-kommunistischen Anschauungen innerhalb der Partei dauert an. Ende 1956 gewinnt die stalinistische Richtung wieder die Führung in der SED.
Die immer deutlicher werdende zentralistische und diktatorische Ausübung von Gewalt macht selbst den alten Genossen Sorge: „So haben wir uns das nicht gedacht, so wollte es selbst Lenin nicht!" Sie entdecken Bevorzugung und Korruption, denen sie nicht mehr beikommen können. Es gibt unter ihnen nicht nur Leute, die sich in den Hintergrund zurückziehen, von der berühmten Bildfläche verschwinden, sondern vor 1961 (Bau der Mauer) sich auch in die Bundesrepublik absetzen. Ich denke an einen Schulungsleiter und überzeugten Altkommunisten, der noch vor allen Kursteilnehmern, zu denen ich damals selbst gehörte, seine marxistischen Thesen als die große Offenbarung verkündet, acht Tage später in der BR auftaucht und dort sein Brot zu verdienen beginnt. Viele der Kommunisten gaben sich auch mit der Erklärung nicht mehr zufrieden, die „Diktatur des Proletariates" sei vorübergehend und mit einer Feuerwehr zu vergleichen, die das Kind aus dem brennenden Haus rettet und nicht verhindern kann, daß es dabei naß werde.
Die Schlinge, die dem Volk in der DDR um den Hals gelegt war, wurde immer enger. Die vielen Versprechungen wagt man offen nicht einzufordern. Die weitere Sowjetisierung des Staatsapparates, die Unfähigkeit, in der zen-

tralistischen Planwirtschaft die ihr zugedachten Aufgaben zu erfüllen, die Einschränkung des Religionsunterrichtes an den Schulen, die sozialistische Umgestaltung der Hochschulen bedrängen viele.
Man schreibt das Jahr 1960, und der „Nationale Verteidigungsrat" überträgt seinem Vorsitzenden Ulbricht die oberste Gewalt über Partei und Militär. Praktisch gibt es niemand, der ihn kontrolliert und diese Macht beschränken kann. Die Flüchtlingszahlen steigen noch bis zum Bau der Mauer (1961) auf fast 50 000 Menschen pro Monat. Sie alle fürchten, Opfer dieser Täuschung und Lüge zu werden, was dann auch nach dieser Absperrung für die DDR-Bürger, die im Lande geblieben sind, der Fall ist.
Die allgemeine Wehrpflicht wird Anfang 1962 eingeführt und damit ein weiteres Mittel der Disziplinierung geschaffen. Der „friedliebende und demokratische Staat" DDR anerkennt 1964 die Wehrdienstverweigerung aus Gewissensgründen, erläßt eine Amnestie für 10 000 Häftlinge, bleibt aber sonst in seinen innenpolitischen Repressalien unbeeindruckt von allen Protesten im In- und Ausland.
Dem innerdeutschen und internationalen Druck gibt die Regierung der DDR nur zögernd und mit kleinen Schritten nach, nachdem die SPD der BR im Juli 1963 eine neue Deutschlandpolitik hat mit dem Schlagwort „Wandel durch Annäherung" (Bahr): Das erste Passierscheinabkommen für den Besuch der Westberliner im Ostteil der Stadt wird unterzeichnet. Ab September 1964 dürfen Rentner aus der DDR einmal im Jahr in die Bundesrepublik zu Verwandten reisen. Die „Familienzusammenführung" wird möglich. Im gleichen Jahr (Dezember 1964) wird für die Besucher aus dem „nichtsozialistischen Ausland", wozu auch und wegen der Devisen die BR gehört, ein Mindestumtauschsatz von 13,00 DM pro Tag und Person eingeführt. Bitter und spöttisch nennen ihn

die DDR-Bürger das „Eintrittsgeld für den Zirkus DDR". Dieser Griff in die Taschen des BR-Bürgers reduziert die Zahl der Besucher erheblich. Einen Versuch der SPD, Redner und politische Tageszeitungen zwischen Ost und West auszutauschen, bremst die SED mit dem Hinweis, daß sie den sogenannten Alleinvertretungsanspruch der Bundesregierung für Deutschland ablehne und ihn auch in Zukunft nicht respektieren werde. Manche stille Hoffnung unter den Bürgern beider Staaten löst sich wieder in Luft auf.
Provokativ lehnt Ulbricht in seiner Neujahrsansprache 1967 eine baldige Wiedervereinigung ab. Um diese Haltung zu unterstreichen, führt die DDR-Regierung am 20. 2. 1967 eine eigene Staatsbürgerschaft ein. Der Widerstand gegen dieses Gesetz ist in der Bevölkerung groß, kann sich aber aus den bekannten Gründen nicht nachhaltig artikulieren. Die DDR bleibt im Angriff und fordert von Bundeskanzler Kiesinger (CDU) – seit Dezember 1966 Kanzler in einer großen Koalition mit CDU/CSU und SPD – die völkerrechtliche Anerkennung der DDR. Kiesinger fordert, „Fragen des Zusammenlebens der Deutschen" miteinander zu regeln.
Der DDR gelingt es, durch das bewährte Wahlmanöver in einem „Volksentscheid", am 8. 4. 1968 94,5 % für eine neue Verfassung, die die DDR als „sozialistischen Staat deutscher Nation" beschreibt, zu erreichen. Es zeigt sich, daß selbst bei einer so weitreichenden Entscheidung, die auch klar als solche erkannt wurde, der Mut zum Widerstand nur sehr gering war. Die Zahl der „Nichtwähler" war allerdings höher als bei früheren „Wahlen", was in den damaligen Verhältnissen schon beachtenswert war.
Der Reiseverkehr zwischen West und Ost wird Anfang 1969 dadurch erschwert, daß Besucher erst dann ein Visum für den Aufenthalt in der DDR erhalten, wenn die in der DDR lebenden Gastgeber von der örtlichen Volkspo-

lizeidienststelle eine Aufenthaltsgenehmigung erhalten haben. Die Volksseele kocht, weil für viele Bürger der DDR ein Besuch aus dem Westen erschwert oder verhindert wird, da nur eigenen Verwandten, nicht aber Freunden oder Bekannten eine solche Genehmigung gegeben wird. Aber noch hält der Deckel auf dem Topf das überkochende Wasser zurück. Daß der Sozialismus wieder gegen seine Propaganda von Humanismus und Volksnähe so grob verstößt und nur seine eigenen politischen Interessen vertritt, macht die Menschen wütend.
Auch bei den beiden Treffen von Bundeskanzler Brandt und Ministerpräsident Stoph in Erfurt und Kassel am 19. 3. und 21. 5. 1970 gibt es keine sachliche Annäherung. Die stürmischen Ovationen in Erfurt veranlassen die DDR-Führung, ähnliche Begegnungen – wie später von Bundeskanzler Schmidt mit Honecker am Werbellinsee (Dezember 1981) – hinter Polizeiketten zu verstecken.
Für die DDR-Bürger bringt weder die neue Verfassung der DDR vom 7. 10. 1974, die zwischen der „sozialistischen Nation" der DDR und „deutscher Nationalität" der BR unterscheidet, noch der lautstark verkündete zweite Freundschaftsvertrag vom 7. 10. 1975 mit der Sowjetunion, der die Bindung der DDR an die „sozialistische Staatengemeinschaft" betont, etwas Brauchbares. Daß die DDR tiefer ins sozialistische Netz verstrickt wird, ist die Sorge von vielen. Diese Sorge wird noch verstärkt durch die sogenannte Breschnew-Doktrin, die „brüderliche Hilfe" durch die Sowjetunion zur „Sicherung der sozialistischen Errungenschaften", d. h. militärische Intervention, verordnet. Diese „beschränkte Souveränität der sozialistischen Staaten" markiert einen Tiefpunkt in der Entwicklung der Nachkriegsjahre. Die wirkliche Freiheit bleibt für die DDR ein hohles Wort, und wo die Gefährdung ihrer Ideologie sich auch nur im Ansatz zeigt, wird zugeschlagen. Die eigenen Medien hat man längst im

Griff, gegen Korrespondenten und Journalisten aus dem Westen geht man rigoros vor. Sie werden die Welt weiter zu täuschen versuchen, reden von Einmischung, Verletzung ihrer Souveränität, versuchen Kritikern den Maulkorb umzuhängen (1978/1979).
Die „Republikflüchtlinge" werden 1982 von der DDR aufgefordert zurückzukommen, doch die Menschen trauen dieser Regierung nicht mehr. Die mit viel Spektakel zur „Aufnahme der Rückkehrer" eingerichteten Häuser an der Grenze können bald wieder geschlossen werden; es gibt kaum dort jemand, der sich „zurück"meldet. Zaghafte Versuche, die Stimmung im Volk zu verbessern, helfen immerhin einigen Betroffenen. So dürfen ab 1. 8. 1984 Rentner aus der DDR künftig auch ohne Verwandtenbesuche in die BR fahren. Aber die Haltung der Regierung bleibt hart. So schließt sie die Ständige Vertretung der BR in Ostberlin, weil DDR-Bürger von dort ihre Ausreise erzwingen wollen. Honecker kühlt alle Hoffnungen ab, indem er am 6. 10. 1984 sagt, daß die Vereinigung von Sozialismus und Kapitalismus ebenso unmöglich wie die von Feuer und Wasser sei. Doch weder Erschrecken noch raffinierte Täuschung, Mittel wie Peitsche und Zuckerbrot von ehemaligen Kolonialherren, können das leck gewordene Boot wieder flottmachen!
Mit Michael Gorbatschow wird am 1. 3. 1985 der neue Generalsekretär berufen, der die ganze Welt vom trügerischen, korrumpierten und zum Verfall von Gesellschaft und Wirtschaft führenden Sozialismus/Kommunismus befreien wird. Doch damals ahnt das wohl noch niemand, auch wenn es alarmierende Zeichen in vielen Ländern des „real existierenden Sozialismus" bereits gab. Die DDR baut zwar die Minen an der innerdeutschen Grenze ab, doch wer sie überwinden will, riskiert weiter durch die „Mauerschützen" sein Leben.
Oskar Lafontaine (SPD) drängt weiter auf Anerkennung

der DDR, weil sein Traum wohl mehr in die Richtung eines „besseren Sozialismus" für die DDR geht als sich an der freiheitlich-demokratischen Ordnung der BR zu orientieren. Die Bürger der DDR sind empört, weil sie täglich erleben müssen, wie es um den Sozialismus, der sich nicht verbessern läßt, wirklich steht.
Die SED macht noch einmal einen Anlauf, ihre Position zu stärken. Sie schickt Sindermann, den Präsidenten der Volkskammer, zu Gesprächen mit der SPD nach Bonn. Dort wird mit einer Reihe von SPD-Politikern ein vorbereitetes Papier erarbeitet, das zynisch in der DDR das „Schmusepapier" genannt wird. Diese totale Verkennung der Wirklichkeit in der DDR durch die SPD der BR hat dieser Partei viele traditionelle Sympathien im Volk geraubt, wofür sie bei den entscheidenden Wahlen nach dem Untergang der DDR ihre Quittung erhält.
Dagegen steht das eindeutige Bekenntnis von Bundeskanzler Kohl – seit dem 1. 10. 1982 Nachfolger von Bundeskanzler Schmidt – , daß die deutsche Frage geschichtlich, rechtlich und politisch offen bleibt (14. 3. 1986). Allen Andeutungen zum Trotz werden die Sperranlagen an der innerdeutschen Grenze weiter ausgebaut, von 1,80 m auf 3 m erhöht. Nicht einmal hinüberschauen kann, wer vor diesen Zäunen und Mauern steht. Man will nicht nur die Flucht erschweren, sondern auch optisch die Grenze setzen, nach dem „goldenen Westen" zu streben. Unter der Bevölkerung an der Grenze steigt zwar die Empörung, doch alle schweigen, weil sie sonst eine Ausweisung aus den eigenen Häusern fürchten müssen. Ich habe oft bei diesen Menschen gesessen, da Magdeburgs Grenze zur BR über viele Kilometer die Dörfer durchzog. Die Leute waren längst bereit, auf die geldlichen Zulagen, die im Grenzgebiet gezahlt wurden, zu verzichten, um Luft und Leben miteinander zu haben.
Selbst unter Genossen findet man Ergebnisse, wie sie zur

Volkskammerwahl am 8. 6. 1986 mit 99,94 % der abgegebenen Stimmen vorgelegt werden, zum Schmunzeln. Aber diese Ergebnisse beruhigen die Nutznießer des Systems, von denen es eine ganze Menge gibt, und lassen sie ungestört ihr schlimmes Geschäft weitertreiben. Am 21. 10. 1986 kommt es zur Einigung von SPD und SED über „Grundsätze für eine atomwaffenfreie Zone in Mitteleuropa“. Es ist schade um das Papier, auf das diese vor der Welt wertlosen Thesen geschrieben werden.
Auch der (letzte) Fünfjahresplan der DDR vom 27. 11. 1986 teilt das Schicksal seiner Vorgänger, mit großem Lärm vieles zu versprechen, von dem nichts gehalten wird: modernste „Schlüsseltechnologien“ (wen sollten sie noch beeindrucken?), die Lösung der Wohnungsfrage bis 1990. Schon beim Lesen dieser Beschlüsse überläuft es den DDR-Bürger kalt. Er braucht zwar noch viele Wohnungen und wird sie auch beziehen, doch diese „Arbeiterschließfächer“, wie sie im Volk genannt werden, mit knappem Raum, wenig Komfort, tristem Umfeld, auf dem die Einheitswagen Wartburg und Trabant im Regen stehen, lassen schon im Neubauzustand, seiner mangelhaften Fertigung und Sterilität, die kommenden Slums in den Städten ahnen. Die Antwort des Volkes auf diese desolaten Zustände sind die steigenden (legalen und illegalen) Übersiedlerzahlen. Sie erreichen 1986 mit 20 000 Personen eine Rekordhöhe. 4 400 sind in den Westen geflüchtet.
Die DDR-Presse verschweigt, daß Gorbatschow seine Vorgänger heftig kritisiert (28. 1. 1987), kann aber nicht verhindern, daß sich die Jugend nach allem ausstreckt, was vom Westen kommt (Rockkonzert an der Mauer in Westberlin). Die BR gibt ab Ende August 1978 den Besuchern aus der DDR ein „Begrüßungsgeld“ von 100,– DM pro Person und Jahr. Viele Rentner machen sich allein dafür auf, „mal rüber zu fahren“. Nichts kann die Sym-

pathie des Volkes noch auf seine Bedrücker lenken, keine Amnestie (zum 38. Jahrestag der DDR-Gründung), keine Rentenerhöhung um 30,– DDR Mark (auf höchstens 320,– DM im Monat).

Das gemeinsame Papier von SED und SPD, an dem immer noch gearbeitet wird, spricht am 27. 8. 1987 von einem „friedlichen Wettstreit der Systeme" und einer gewünschten „Streitkultur".

Der offizielle Besuch Honeckers in der BR vom 7. 10. bis 9. 10. 1987 läßt zwar einen Traum Honeckers und seiner Gefolgsleute wahr werden, aber auch der Sturz dieses Mannes und seines Unrechtsstaates noch wichtiger werden. Alle Tricks, alle Versprechungen werden ihm bald nichts mehr nutzen. Weder ihm noch seinem System können die kleinen Pflaster helfen, die er aufklebt: Eine Reihe von Einfuhrverboten werden aufgehoben, Medikamente können eingeführt werden. Die Unruhe wächst und drängt auf eine dauerhafte Bereinigung. Sie kommt nicht mehr, sondern das Jahr 1989 bringt das Ende des Systems, das längst nichts mehr zu bieten hat und auch dem Volk keine Zukunft läßt.

Die große Täuschung, die Dauerlüge haben eine Geschichte, die so lange dauert, wie die DDR alt wird. Deutlich wird das auch im gesamten wirtschaftlichen Bereich, in dem der Sozialismus sich stark fühlte, von Versprechungen zu Versprechungen sprang und doch schon früh und hoffnungslos der Marktwirtschaft des Westens unterlag.

Der Unsinn in dem, was der Sozialismus zu Wirtschaft und Planwirtschaft sagt, überschlägt sich und läßt sich auch nach der Wende nur noch mit Kopfschütteln lesen. So heißt es im Brustton der Überzeugung: „Die Wirtschaft ist die wichtigste Sphäre des gesellschaftlichen Lebens. Sie ist das Hauptfeld der Auseinandersetzungen im friedlichen Wettbewerb der beiden Gesellschaftssysteme.

Die junge, aufstrebende sozialistische Gesellschaftsordnung ist bereits mit 36 % an der Bevölkerung und mit fast 40 % an der Industrieproduktion aller Länder der Erde beteiligt" (Wörterbuch der Ökonomie 1967). „Planwirtschaft ist die auf dem gesellschaftlichen Eigentum an Produktionsmitteln ... beruhende Lenkung der Volkswirtschaft durch den sozialistischen Staat. ... Sie ist aber erst möglich, wenn die Arbeiterklasse ... die politische Macht erobert." Dieser Versuch, die Macht zu erobern, wird schon sofort nach dem Krieg (1945) mit Hilfe der russischen Besatzung unternommen und in vielen Etappen und Bereichen auch erreicht. Im September 1945 wird eine Bodenreform eingeleitet, in der mit dem Ruf „Junkerland in Bauernhand" viele kleine Bauernstellen entstehen, die aber bald schon zu einer ersten großen Täuschung werden, da diese Neubauern bereits ab 1952 wieder in Genossenschaften (LPG) gezwungen werden.
Während die Westzonen in den großzügigen Marshallplan der USA hineingenommen werden (Juni 1947), bleibt die SBZ nicht nur ohne Aufbauhilfe, sondern die Demontagen und Reparationen aus der laufenden Produktion durch die Sowjetunion bringen sie an den Rand des Zusammenbruchs, von dem sie sich auch in den kommenden vierzig Jahren nicht erholen wird. Die neue Währung vom Juni 1948 wird immer ein krankes, schwindsüchtiges Kind in Europa bleiben und auch als „Erwachsener" nur mit dem Bettelbeutel unter seinen westeuropäischen Konkurrenten leben. Selbst der Rat für gegenseitige Wirtschaftshilfe (RGW/Comecom) bleibt eine Figur für die Witzseite in den internationalen Fachblättern und hat nur dann etwas zu lachen, wenn ihm ein Devisengeschäft mit dem Westen (EG) gelingt.
Seit dem ersten Fünfjahresplan (1951-1955) wird die zentralistische Planwirtschaft in der DDR durchgesetzt. Die folgenden Fünfjahrespläne werden sich ständig über-

bieten und die Ergebnisse immer kräftig auffrisieren. Im Aufstand vom 17. Juni 1953 versuchen die Arbeiter, die zehnprozentige Erhöhung der Arbeitsnormen abzuwehren. Es kommt zu landesweiten Protesten, die durch russische Panzer unterdrückt werden.

Nach dem Gesetz über die Landwirtschaftlichen Produktionsgenossenschaften (LPG) vom 3. Juni 1959 entkommt kein Einzelbauer mehr der Zwangskollektivierung der Landwirtschaft. Alle Versprechungen werden gebrochen, schärfste Gewalt gegen Widerstrebende angewandt. Es gibt Verzweiflung und Selbstmorde auf den Dörfern. Die Kirche verurteilt diese Gewaltanwendungen offen (18. 4. 1960).

Unglaubliche Phrasen drischt Ulbricht mit seiner unangenehmen Fistelstimme, der man viel Unsicherheit anmerkt. Er will in kurzem Anlauf den Westen, den Kapitalismus, nicht nur „einholen", sondern „überholen". Denen er das weismachen will, lachen darüber und halten ihn für blind und beschränkt.

Das „Neue ökonomische System der Planung und der Leitung der Volkswirtschaft (NÖS)" vom 25. 6. 1963 soll durch eine Dezentralisierung die Wirtschaft flexibler und damit leistungsfähiger machen. Hoffnungen werden geweckt, durch Übernahme marktwirtschaftlicher Methoden weiterzukommen.

Aber da die entscheidende Verantwortung in den Händen der sozialistischen Planwirtschaftler bleibt, sind die Versuche, funktionierende Produktionsformen (z. B. sozialistische „Konzerne") einzuführen, zum Scheitern verurteilt. Die Täuschungen bringen wieder einmal alle Anläufe zum Stoppen. Betriebe mit staatlicher Beteiligung sowie private Industrie- und Bauunternehmen werden im Februar 1972 in „Volkseigentum" umgewandelt. Die industrielle „Sozialisierung" der DDR ist damit abgeschlossen. Jetzt funktioniert noch weniger als zuvor. Ich selbst

war bei unseren Bauvorhaben im BAM stark von dieser Veränderung betroffen: noch weniger Material, weniger Fachkräfte und ihr vermehrter Einsatz für volksfremde Unternehmen (Bau der Grenzanlagen, ihr kostspieliger Unterhalt, Kasernen) ließen viele resignieren. Privathäuser verfallen, private Investitionen gibt es nicht mehr.
Die Wirtschaftsverhandlungen mit der BR bringen immer wieder kurzfristige Hilfen (Erhöhung der Straßen- und Postpauschalen, der Eintrittsgelder beim Grenzübergang in die DDR). Die Milliardenkredite, für die die BR Bürgschaften übernimmt (29. 6. 1983), helfen der nach Luft ringenden DDR-Führung. Nach der Wende wird offenkundig, daß ein Teil dieser Gelder durch Unterschlagungen und Korruption, wie befürchtet, in die falschen Kanäle fließt.
Auch die Vorstellung vom Recht ist im sozialistischen Staat durch sein Unverständnis verbogen, da es „seinem Inhalt nach durch die Produktionsverhältnisse der Gesellschaft, in erster Linie durch die Eigentumsverhältnisse bestimmt" wird. „Unser sozialistisches Recht bringt den Willen des werktätigen Volkes unter der Führung der Arbeiterklasse zum Ausdruck. ... Es dient dazu, die Produktivkräfte und die sozialistischen Produktionsverhältnisse planmäßig zu entfalten, alle Bürger im Geist des Sozialismus zu erziehen und unsere Ordnung gegen die Anschläge ihrer Feinde zu schützen" (Programm der SED). Was kann dann ein unbefangener, auf eine lange Tradition christlichen Rechtsdenkens ausgerichteter Beobachter schon erwarten?
Ich halte es aber immerhin in diesem Abschnitt der Täuschungen und Lügen des Systems für ein lohnendes Unternehmen, das Strafgesetzbuch der DDR nach seiner Ausgabe von 1969 nach den Vergehen zu befragen, die gerade für das Verhalten seiner Regierenden und sonstwie Verantwortlichen von Bedeutung sein können:

§§ 115-118 Vorsätzliche, fahrlässige Körperverletzung

Hier werden alle jene sich melden, die durch polizeiliche, strafrechtliche Maßnahmen in ihrer Gesundheit geschädigt wurden (Knüppeleinsätze, Lager- und Haftaufenthalte z. B. in Bautzen, Hoheneck u. a.).

§ 127 Erpressung

unterliegen jene, die ihr Haus, Grundstück durch Zwang aufgeben mußten (z. B. Grenzbewohner, Übersiedler).

§ 129 Nötigung

Sie hat sich immer wieder gezeigt bei Entscheidungen im Beruf, in der Schule, auf der Universität, wenn der Eintritt in eine bestimmte Organisation (FDJ, SED u. a.), die Teilnahme an der Jugendweihe, die Mitarbeit im MfS verlangt wurden. Diese Verstöße waren sehr zahlreich.

§ 131 Freiheitsberaubung

zeigte sich dort, wo jemand rechtswidrig der persönlichen Freiheit beraubt wurde, ohne durch einen Rechtsbeistand intervenieren zu können (polizeiliche Vorführungen, unbegrenzte Haftaufenthalte).

§§ 137/138 Beleidigung, Verleumdung

Sie wurden als Mittel des „Klassenkampfes" gegen den ideologischen Gegner (Parteien, Kirchen) eingesetzt.

§§ 112-114 Mord, Totschlag, Fahrlässige Tötung

die als Anklagepunkte für die Vorgänge an der Mauer, Grenze in über 300 Fällen vorliegen.

§ 132 Menschenhandel

der auch dann vorliegt, wenn Menschen durch Gewalt, Drohung zum Aufenthalt in bestimmten Gebieten gezwungen wurden (z. B. Ausbürgerungen, Umsetzung von Grenzbewohnern, die „Zwangsadoptionen").

§ 135 Verletzung des Briefgeheimnisses

die systematisch vom Stasi betrieben wurde (Telefon, Briefe u. ä.).

§§ 177-184 Diebstahl

der gegen unliebsame Kritiker dort vorlag, wo „Beweismittel" unberechtigt entwendet, beschlagnahmt oder kopiert wurden (wesentliche Tätigkeit der Stasi).

§ 182 Untreue

wurde dort rechtsanhängig, wo persönliches oder privates Eigentum zum Nachteil der Betroffenen mißbraucht wurde (unveröffentlichte Manuskripte, Notizen o. ä.).

§ 244 Rechtsbeugung

betrifft in erster Linie die bei der Durchführung eines gerichtlichen Verfahrens Beteiligten, wie Richter, Staatsanwälte, z. B. bei der sog. Republikflucht.

§ 91 Verbrechen gegen die Menschlichkeit

bei der Verletzung der Grundrechte von einzelnen wie Gruppen.

Diese „Texte“ sollten, wie ich im Vorwort gesagt habe, das „Innenleben“ unserer Kirche beschreiben und damit einen Überblick geben über das Leben der Christen in der ehemaligen DDR. Diese Diasporakirche, die sowohl in der konfessionellen wie auch in einer politischen Diaspora ihren Weg zu suchen hatte, ist diesen Weg mit viel Mut und unter starken Verlusten gegangen. Nicht nur die „Wende“ ist Gottes Werk, sondern auch der Weg dahin. Wer diesen Weg mitgehen durfte, wird viele gute Erinnerungen daran mitnehmen. Die Nähe zueinander, das Vertrauen, in allen Situationen am richtigen Platz zu stehen, Gottes Wirken oft und unmittelbar zu erleben, waren Gewinne fürs ganze Leben. Was wir in die Vereinigung unseres Volkes von diesen Erfahrungen einbringen können, wird mit der Kraft unseres Glaubens auch unter den neuen Bedingungen zu tun haben.
Die vier Jahrzehnte der sozialistischen Zwangsherrschaft haben uns gelehrt, ohne Illusionen zu leben, aber auch ohne Ängste zu sein, die keine Hoffnungen haben. Wie Gott durch die Finsternis des Unglaubens weiterhalf, so wird er sein Volk auch vor dem falschen und verführerischen Glanz der prallen Konsumgüterwelt bewahren!

X.

Zeittafel
für die Zeit von 1945-1990

1945

30. April	Selbstmord Hitlers in Berlin.
	Die „Gruppe Ulbricht“ trifft aus der Sowjetunion in Berlin ein.
7./9. Mai	Kapitulation der deutschen Streitkräfte.
5. Juni	Aufteilung des Deutschen Reiches in vier Besatzungszonen: eine sowjetische, französische, britische und amerikanische. Militärgouverneure übernehmen die oberste Gewalt: Schukow (UdSSR), Tassigny (Frankreich), Montgomery (Großbritannien), Eisenhower (USA).
9. Juni	Errichtung der Sowjetischen Militäradministration Deutschlands (SMAD).
15. Juni	Gründung der SPD.
26. Juni	Gründung der CDU.
17. Juli-2. August	Potsdamer Konferenz.
23. August	Erstes gemeinsames Hirtenwort der noch gesamtdeutschen Bischofskonferenz (Fulda) nach dem Ende des Zweiten Weltkrieges: Einen neuen Anfang machen!
	Der deutsche Episkopat wendet sich an den Alliierten Kontrollrat als den Inhaber der obersten Staatsgewalt.
31. August	In einem Runderlaß des Bistums Meißen werden die Priester auf ihre Pflichten und Grenzen ihrer Mitarbeit im öffentlichen Leben hingewiesen.
3.-11. September	Die Länder und Provinzialverwaltungen verordnen in der SBZ (Sowjetische Besatzungszone) die Bodenreform, die auf erheblichen Widerstand der CDU und der LDPD stößt.

1946

7. März	Gründung der Freien Deutschen Jugend (FDJ) unter Erich Honecker.
	Die SMAD ist bemüht, die vorhandenen Strukturen in der Wirtschaft auf die zentrale Planwirtschaft umzustellen. Die völlig hörige SED betreibt die Kollektivierung der Landwirtschaft, zentralisiert alle Organe der SBZ und schafft so die Voraussetzungen für eine spätere Zentralregierung.
21./22. April	Zwangsvereinigung von KPD und SPD in Berlin.

1947

9. März	Gemeinsamer Hirtenbrief zu den in Moskau beginnenden Friedensverhandlungen über Deutschland.
21. August	(alle Bischöfe:) Die Not ist groß in allen Bereichen des Lebens (Wohnungsnot, Los der Kriegsgefangenen, seelische, sittliche Not, in der Familie, in der sozialen Frage, in den Fragen des Eigentums).
13. September	Die SED fordert die Übernahme des Marxismus-Leninismus in Lehre und Forschung.
20. Dezember	(Berlin:) Erklärungen zu Zeitfragen im Namen der katholischen Kirche Deutschlands.

1948

23. Juni	Währungsreform in der SBZ.
23./24. Juli	Ulbricht erklärt die Planwirtschaft zum Gesetz, fordert die absolute Führungsrolle der SED im Staatsapparat. Säuberung von Altkommunisten und Sozialdemokraten in der SBZ.
28. August	Die Bischöfe rufen zur Neuordnung auf.

1949

	Die SED baut ihre diktatorisch-bürokratische Herrschaft aus, konzentriert die gesamte politische Macht, strafft die zentral geleitete Planwirtschaft, überlagert das Geistesleben mit den Lehren des Marxismus-Leninismus.
7. Oktober	Gründung der Deutschen Demokratischen Republik (DDR).
29. Dezember	(Berlin:) Kardinal Preysing fordert von der Regierung der DDR (Brief an Nuschke) Lebensrecht und Lebensmöglichkeit für die katholische Kirche im Gebiet der DDR.

1950

1. Februar	(Meißen:) Die Beteiligung der Kirche an politischen Gesprächen wird eingegrenzt.
14. Februar	(Berlin:) Stellungnahme gegen den Mißbrauch katholischer Priester für die parteipolitischen Ziele der SED.
1. März	(alle:) Die christliche Wahrheit und der gottlose Materialismus.
22. April	(alle an Ministerpräsident Grotewohl:) Die Bedrängnis steigert sich von Tag zu Tag.
9. Mai	(Berlin:) Der verfassungsrechtliche Schutz der katholischen Kirche im Gebiet der DDR wird eingefordert.
29. Juli	(alle:) Die Kirche verkündet den Frieden.

1951

22. August	(alle:) Laßt (den) Frieden sein!
20. September	(Magdeburg:) Wahl der Elternbeiräte an allgemeinbildenden Schulen verpflichtet die Christen.

1952

19. Mai	Gründung des Norbertuswerkes in Magdeburg.

27. Mai	Die DDR errichtet an der Demarkationslinie zur BR Sperrzonen, Schutzstreifen und hebt den kleinen Grenzverkehr auf.
23. Juli	Mit der Einteilung der DDR in 14 Bezirke wird nach sowjetischem Vorbild der „demokratische Zentralismus" in der Staatsverwaltung durchgeführt.
13. August	(alle:) Über die innere Lage der Kirche in Deutschland.

1953

11. Januar	(alle:) Religionslose Schule und christliche Elternpflicht
21. April	Die Bischöfe der Evangelischen Kirche wenden sich gegen die kirchenfeindliche Politik der SED.
3. Mai	(alle an die katholische Jugend:) Recht auf Glaubens- und Gewissensfreiheit.
17. Juni	Volksaufstand
11. Juli	(Berlin:) Sorge um den Lebensweg des deutschen Volkes im Gebiet der DDR.

1954

1. Januar	(alle:) Zur Berliner Konferenz der Außenminister der Siegermächte über Deutschland.
28. August	(alle:) Zum Entwurf eines Familiengesetzbuches. Schreiben an Ministerpräsident Grotewohl.
Dezember	(Berlin, Magdeburg, Meißen, Görlitz:) Zur geplanten Jugendweihe.

1955

27. März	Erste Jugendweihe in Ostberlin.
25. August	(alle:) Aus Sorge um den Frieden der Welt, die Einheit Deutschlands und die Freiheit der Kirche.
23. Oktober	(alle:) Zur Jugendweihe.

1956

18. Januar	Die Volkskammer beschließt die Schaffung der „Nationalen Volksarmee“ (NVA).
1. September	Bischof Spülbeck: Wir halten die Fundamente für falsch.

1957

30. Januar	Ulbricht will eine Konföderation beider deutscher Staaten.
1. Februar	(Magdeburg) Zur religiösen Unterweisung der noch nicht schulpflichtigen Kinder
23. Oktober	(alle:) Zu Schule und Erziehung in unseren Tagen.
26. November	(Berlin:) Einheitliches Handeln gegenüber Staat und Partei.
4. Dezember	(alle:) Memorandum zur Situation des religiös-kirchlichen Lebens in der DDR.

1958

15. April	(alle:) Anwalt in der Gewissensnot. Grundsätze für die Pastoral „in der gegenwärtigen Stunde wachsender Gewissensbedrückung“.
	(alle:) „Wir bleiben zusammen in den Sorgen unseres geteilten Volkes.“
Juli	Der 5. Parteitag der SED erklärt die DDR zum rechtmäßig souveränen Staat.
8. Oktober	(alle an den Vorsitzenden des Ministerrates, Grotewohl:) Für die Respektierung der Gewissensfreiheit.
19. Oktober	(alle:) Die Rechte der Kirche und die Freiheit der Kirche.
24. November	(Berlin:) Zu Fragen des Kirchenaustritts und sozialistischer Ersatzriten.

1959

15. Januar	Schaffung einer zehnklassigen polytechnischen Oberschule für alle Schüler (OS) sowie

	einer erweiterten allgemeinbildenden polytechnischen Oberschule (EOS).
8. Februar	(alle:) Kirche unter dem Kreuz.
17. Mai	(alle:) Die Sendung der Kirche.
3. Juni	Die Volkskammer beschließt das „Gesetz über landwirtschaftliche Produktionsgenossenschaften" (LPG). Die Bauern werden unter scharfen Druck gesetzt, um die endgültige Sozialisierung der Landwirtschaft durchzusetzen.

1960

9. Januar	(alle an Ministerpräsidenten Grotewohl:) Zum Gesetz über die sozialistische Entwicklung des Schulwesens in der DDR.
20. Januar	(alle:) Der Christ in atheistischer Umwelt.
6. April	(alle:) Gegen Verletzung von Menschenrechten bei der Werbung zum Eintritt in die LPG.
30. April	(Berlin:) Zur Durchführung der religiösen Unterweisung der katholischen Kinder in den Schulferien.
	(Berlin:) Gegen die Einschränkung des Erziehungsrechtes der Eltern.

1961

11. Juni	(alle:) Zum Eichmann-Prozeß.
13. August	Bau der Berliner Mauer.
11. Oktober	(alle:) Nach dem Mauerbau.

1962

24. Mai	Einführung der allgemeinen Wehrpflicht.
24. Mai	(alle:) Zum Wehrpflichtgesetz der DDR.

1963

10. Februar	(alle:) Erneuerung aus dem Geist des 2. Vatikanums.
23. Mai	(alle:) Zur Enzyklika „Pacem in terris".

15. Juli	Der Staatsrat bestätigt die Richtlinien für die Einführung des „Neuen ökonomischen Systems der Planung und Leitung“, mit denen die Produktivität der Wirtschaft erhöht werden soll.
14. November	Ulbricht erneut Staatsratsvorsitzender und Grotewohl Vorsitzender des Ministerrates.

1964

12. Juni	Die SU garantiert die Unantastbarkeit der Staatsgrenze der DDR.
24. September	Stoph wird Vorsitzender des Ministerrates.

1965

25. Februar	Das Gesetz über das „einheitliche sozialistische Bildungssystem“ setzt in allen Bereichen die Lehre des ML durch.
12. Juli	(alle an Ministerpräsident Stoph:) Zum Entwurf des Familiengesetzes.
1. November	(alle:) Zu neuen Weisungen über die Unterbrechung der Schwangerschaft in den Einrichtungen des Gesundheitswesens der DDR.

1967

20. Februar	Die Volkskammer verabschiedet das Gesetz über die Staatsbürgerschaft der DDR.
13. Juli	Ulbricht erneut Vorsitzender des Staatsrates.
1. September	(alle:) Zum Glaubensjahr 1967.
4. September	(alle:) Was zur Festigung des Glaubens nötig ist.

1968

12. Januar	Das neue Strafgesetzbuch.
5. Februar	(alle an den Vorsitzenden des Staatsrates, Ulbricht:) Zum Entwurf der neuen Verfassung.
26. Februar	(alle:) Unterrichtung der Gläubigen über Vorschläge und Forderungen an die Verfassungskommission.

6. April	Die neue Verfassung wird durch Volksentscheid angenommen.
20./21. August	Einmarsch der Truppen des Warschauer Paktes in die CSSR.

1969

25. Februar	(alle:) Zur Frage der Jugendweihe.
10.-14. Sept.	1. Synodaltagung des neu gegründeten Bundes der Evangelischen Kirchen in der DDR („Kirche im Sozialismus").
12. September	Ulbricht fordert von der BR die Anerkennung der DDR.

1970

19. März	Brandt und Stoph in Erfurt (am 21. Mai in Kassel).
18. April	Weihe von Bischof Braun in Magdeburg.

1971

28. Februar	(alle:) Zur Vorbereitung einer Pastoralsynode für die Jurisdiktionsbezirke in der DDR.
3. Mai	Honecker Erster Sekretär des ZK der SED und damit Nachfolger von Ulbricht.
17. Dezember	Transitabkommen BR/DDR.

1972

3. Januar	(alle:) Zur neuen gesetzlichen Regelung zum Schwangerschaftsabbruch (Fristenregelung).
3. März	(alle:) Zur Frage der Jugendweihe
7.-28. Dezember	20 neutrale und westliche Staaten nehmen diplomatische Beziehungen zur DDR auf.
21. Dezember	Grundlagenvertrag BR/DDR.

1973

9. Februar	Großbritannien und Frankreich nehmen diplomatische Beziehungen zur DDR auf.

13. Mai	(Magdeburg:) Der moderne Mensch.
18. Oktober	(alle:) Zum Entwurf des Jugendgesetzes.
10. September	DDR wird Mitglied der UNO.
3. Oktober	Stoph wird Vorsitzender des Staatsrates.

1974

5. Mai	(Magdeburg:) Menschen in der DDR.
27. September	In einer Verfassungsänderung wird der Begriff „deutsche Nation" beseitigt.
17. November	(alle:) Zur christlichen Erziehung.
4. Dezember	(alle:) Glaube heute.

1975

7. Oktober	Gründungstag der DDR als Nationalfeiertag.
1. Dezember	Pastoralsynode in Dresden: Dienst der Kirche für Versöhnung und Frieden.

1976

1. Januar	Das neue Zivilgesetzbuch der DDR tritt in Kraft.
18. Januar	Honecker wird Generalsekretär der SED.
7. März	(Magdeburg:) Die Werke Gottes tun.
13. April	(Magdeburg:) Wir und die gottlose Umwelt.
18. Oktober	(alle:) Zur Errichtung der Berliner Bischofskonferenz.
29. Oktober	Honecker wird Staatsratsvorsitzender.

1977

1. Juni	(alle:) Gespräche mit staatlichen Stellen (Regeln).
Juli	(Magdeburg:) Christliche Ehe – heute.

1978

12. Februar	(Magdeburg:) Begegnung mit Christus.
12. Juni	(alle an die Regierung der DDR:) Zur Einführung des Wehrunterrichtes in den 9. und 10. Klassen der OS/EOS.

1979

4. März	(Magdeburg:) Kirche in der DDR.
10. April	(Magdeburg:) Über die Hoffnung.
30. Dezember	(Magdeburg:) Christliche Ehe.

1980

24. Februar	(Magdeburg:) Der hl. Norbert.
9. Oktober	Erhöhung des Zwangsumtausches für Besucher aus dem Westen auf 25,— DM pro Tag.

1981

25. Januar	(alle:) Haben Christen noch eine Chance in der DDR?
11.-13. Dez.	Bundeskanzler Schmidt trifft Honecker in der DDR.

1982

28. Februar	(Magdeburg:) Gewissen, Sünde.
25. März	Neues Wehrdienst- und Grenzgesetz in der DDR.
18. Juli	Stationierung sowjetischer Mittelstreckenraketen in der DDR.

1983

1. Januar	(alle:) Zum Weltfriedenstag.
14. Februar	100 000 demonstrieren in Dresden für den Frieden.
25. Februar	(Magdeburg:) Zeuge sein. Friedensdienst der Kirche.
27. Februar	(alle:) Zum Lutherjubiläum 1983.
3. November	(Magdeburg:) Situationsbericht zur Jugend.
28. September	Abbau der Selbstschußanlagen an der Grenze.
18. Oktober	(alle:) In der Gemeinschaft der Weltkirche.

1984

März	(Magdeburg:) Gebet, Nächstenliebe, Buße.
27. Juni	Schließung der Ständigen Vertretung der BR in Ostberlin wegen Besetzung durch Ausreisewillige aus DDR.
Ende September	DDR-Flüchtlinge besetzen die Prager Botschaft der BR
4. Dezember	(alle:) Zur Vorbereitung auf den katholischen Jugendkongreß 1985.

1985

4. Februar	(Magdeburg:) Der christliche Sonntag.
6. März	(alle:) Beziehung zu staatlichen Organen sowie zu politischen und gesellschaftlichen Organisationen.
31. März	(Magdeburg:) Sterben, Tod, Auferstehung. Christus unsere Zukunft.
15. August	Erleichterung im Transitverkehr.

1986

Februar	Axen und Sindermann in der BR.
16. Februar	(Magdeburg:) Bedeutung der Kirche.
8. September	(alle:) Katholische Kirche im sozialistischen Staat.
27. November	Letzter Fünfjahrplan von der Volkskammer verabschiedet.

1987

8. März	(Magdeburg:) Kirche als Zeugin des Glaubens.
7.-11. September	Honecker in der BR.
1. Dezember	(alle:) Gerechtigkeit, Frieden, Bewahrung der Schöpfung.

1988

17. Januar	Demonstration zum Todestag von Rosa Luxemburg und Karl Liebknecht in Ostberlin, Verhaftungen.

1. Februar	Kardinal Meisner zur Fluchtbewegung aus der DDR.
21. Februar	(alle:) Ja zum ungeborenen Leben.
6. September	(alle:) Zum Gedenken an die Judenpogrome 1938
14. September	(alle:) Kirche – mit den Menschen und für die Menschen
20. September	(Magdeburg:) Tausende haben die DDR verlassen und drei weitere Stellungnahmen (16. 10., 7. 11., 10. 12.).
14. Dezember	Neue Reiseordnung.

1989

7. Mai	Kommunalwahlen in der DDR, massive Wahlfälschungen.
31. Juli	BR-Botschaften in Ostberlin, Prag, Warschau und Budapest von DDR-Flüchtlingen besetzt. Flucht über die ungarisch-österreichische Grenze (10. September).
August/Sept.	Friedensgebete in den Kirchen der DDR.
7. Oktober	Demonstrationen in vielen Orten der DDR.
18. Oktober	Honecker tritt zurück, Krenz Parteichef und Staatsratsvorsitzender.
9. November	Die Mauer in Berlin wird geöffnet.
7. November	(alle:) Zur gegenwärtigen Situation in Staat und Gesellschaft.
4. Dezember	(alle:) Zu den Vorgängen im Strafvollzug.
19. Dezember	(alle:) Der Wandel in Staat und Gesellschaft und unser kirchlicher Auftrag.

1990

20. Februar	(alle:) Zu den Wahlen am 18. März und am 6. Mai 1990.
18. März	Die Volkskammerwahl gewinnt die CDU mit 40,8 % vor der SPD mit 21,9 %.
12. Juni	(alle:) Zum Schutz des menschlichen Lebens.
26. Juni	(alle und ev. Kirchenleitungen:) Für eine gemeinsame Zukunft.
18. September	(alle:) Zum Tag der Einheit Deutschlands am 3. Oktober 1990.

27. September	Wort der deutschen Bischöfe zum 3. Oktober 1990.
3. Oktober	Die DDR tritt der BR nach Artikel 23 des Grundgesetzes bei.

siehe Lange, Katholische Kirche - Sozialistischer Staat DDR
Dokumente und öffentliche Äußerungen 1945-1990
Benno-Verlag Leipzig, 1992.
Braun, Volk und Kirche in der Dämmerung
Ein Einblick in die vier Jahrzehnte des Sozialismus in der DDR
Benno-Verlag, Leipzig, 1992.
Braun, Kirche – gestern und heute
Zwischen Elbe und Saale, Börde und Bode, Ein Magdeburgbuch
2. Auflage 1989, Benno-Verlag, Leipzig.
Braun, Gelebter Glaube, Heilige, Verfolgte, Bekenner
Ein Magdeburger Heiligenbuch
Benno-Verlag, Leipzig, 1988.

Bildnachweis

Foto Diek, Magdeburg:	Seite 59 unten, Seite 60 unten, Seite 65 oben
Adler, Böhlitz:	Seite 63 oben
Mahlert, Halberstadt:	Seite 70 unten

Alle übrigen Fotos: privat

BONIFATIUS / Kontur

Bisher liegen folgende Bände vor:
(Stand: September 1993)

Band Nr.	
7877	Braun, Johannes Katholische Kirche im sozialistischen Staat DDR
7850	Kell, Peter / Multhaupt, Hermann (Hg.) Bischöflicher Dienst in dieser Zeit
7834	Nückel, Matthias Das Abtreibungsurteil und seine Konsequenzen für Christen
7796	Ockenfels, Wolfgang / Kettern, Bernd (Hg.) Streitfall Kirchensteuer
7869	Rintelen, Friedrich M. Erinnerungen ohne Tagebuch
7753	Schmidt, Evamaria (Hg.) „Ist doch gut, daß ich einen Vater habe!" Kinder erzählen von ihren Vätern

In Ihrer Buchhandlung

Bischof Rintelens Lebenserinnerungen jetzt in 4. Auflage!

Friedrich M. Rintelen
Erinnerungen ohne Tagebuch
BONIFATIUS / Kontur
Band 7869
212 Seiten
DM 22,80/öS 178,–/sFr 23,80

Friedrich M. Rintelen (1899-1988) berichtet aus seiner Vikarszeit und der anschließenden Tätigkeit als Pfarrer der Markt- und Universitätskirche in Paderborn ab 1939. Er schreibt über sein Wirken als Generalvikar in der Zeit des Nationalsozialismus. Breiten Raum nimmt die Schilderung seiner bischöflichen Tätigkeit als „Erzbischöflicher Kommissar" in Magdeburg von 1953-1970 ein.
Sein lebendig und humorvoll geschriebenes Buch ruft viele schöne, aber auch schwere und oftmals grausame Zeiten ins Gedächtnis zurück.

In Ihrer Buchhandlung

BONIFATIUS
Druck · Buch · Verlag